Esparta

Una apasionante descripción de los espartanos, su ciudad-estado en la antigua Grecia, las guerras greco-persas, la guerra del Peloponeso y otros conflictos en los que participaron

© Copyright 2025

Todos los derechos reservados. Ninguna parte de este libro puede ser reproducida de ninguna forma sin el permiso escrito del autor. Los revisores pueden citar breves pasajes en las reseñas.

Descargo de responsabilidad: Ninguna parte de esta publicación puede ser reproducida o transmitida de ninguna forma o por ningún medio, mecánico o electrónico, incluyendo fotocopias o grabaciones, o por ningún sistema de almacenamiento y recuperación de información, o transmitida por correo electrónico sin permiso escrito del editor.

Si bien se ha hecho todo lo posible por verificar la información proporcionada en esta publicación, ni el autor ni el editor asumen responsabilidad alguna por los errores, omisiones o interpretaciones contrarias al tema aquí tratado.

Este libro es solo para fines de entretenimiento. Las opiniones expresadas son únicamente las del autor y no deben tomarse como instrucciones u órdenes de expertos. El lector es responsable de sus propias acciones.

La adhesión a todas las leyes y regulaciones aplicables, incluyendo las leyes internacionales, federales, estatales y locales que rigen la concesión de licencias profesionales, las prácticas comerciales, la publicidad y todos los demás aspectos de la realización de negocios en los EE. UU., Canadá, Reino Unido o cualquier otra jurisdicción es responsabilidad exclusiva del comprador o del lector.

Ni el autor ni el editor asumen responsabilidad alguna en nombre del comprador o lector de estos materiales. Cualquier desaire percibido de cualquier individuo u organización es puramente involuntario.

Índice

INTRODUCCIÓN 1
PRIMERA PARTE: EL AUGE DE ESPARTA (1100 A. C. - 500 A. C.) 3
    CAPÍTULO 1 - DEL MITO A LA REALIDAD 4
    CAPÍTULO 2 - LAS REFORMAS DE LICURGO 14
    CAPÍTULO 3 - LAS GUERRAS MESENIAS 22
    CAPÍTULO 4 - LA LIGA DEL PELOPONESO 33
SEGUNDA PARTE: ESPARTA Y LAS GUERRAS GRECO-PERSAS (499 A. C. - 49 A. C.) 38
    CAPÍTULO 5 - LA ALIANZA HELÉNICA 39
    CAPÍTULO 6 - LA BATALLA DE LAS TERMÓPILAS 50
    CAPÍTULO 7 - LA BATALLA DE PLATEA 61
TERCERA PARTE: ESPARTA EN LOS ASUNTOS GRIEGOS (460 A. C. - 222 A. C.) 69
    CAPÍTULO 8 - LA GUERRA DEL PELOPONESO: LA PRIMERA FASE 70
    CAPÍTULO 9 - LA GUERRA DEL PELOPONESO: LA SEGUNDA FASE 79
    CAPÍTULO 10 - LA GUERRA DE CORINTO 90
    CAPÍTULO 11 - LA DECADENCIA DE ESPARTA 98
    CAPÍTULO 12 - INTENTOS DE RESTAURACIÓN Y COLAPSO 109
CUARTA PARTE: VIDA Y ESTRUCTURA SOCIAL ESPARTANAS 117
    CAPÍTULO 13 - LA AGOGÉ 118
    CAPÍTULO 14 - EL GOBIERNO ESPARTANO 126
    CAPÍTULO 15 - LA GUERRA ESPARTANA 138

CAPÍTULO 16 - LAS MUJERES EN ESPARTA 148
CAPÍTULO 17 - *LACONIZEIN*: EL ARTE DEL MINIMALISMO 158
CONCLUSIÓN 166
VEA MÁS LIBROS ESCRITOS POR ENTHRALLING HISTORY 168
BIBLIOGRAFÍA 169

Introducción

Cada unidad de la sociedad está conectada a historias no contadas de hace miles de años. Esto significa que hay mucho conocimiento por descubrir en las páginas de la historia. Este conocimiento nos da una idea más completa de nosotros mismos y de nuestra posición en el mundo.

La historia siempre ha sido algo más que una tediosa materia académica que a veces parece no servir para nada en la vida real. Cada generación de la humanidad ha transmitido sus relatos de existencia y experiencias a la siguiente. Esto ha tomado diversas formas: cuentos, folclore, canciones tradicionales y pinturas, por mencionar sólo algunas. Y los brillantes esfuerzos de los historiadores, tanto antiguos como modernos, le han regalado continuamente a la humanidad descubrimientos del pasado que necesitamos para poder apreciar el presente.

¿Cómo podemos comprender realmente el mundo en que vivimos si no sabemos cómo surgió?

El mundo antiguo fue testigo del surgimiento de muchas civilizaciones, y su impacto aún puede sentirse hoy en día. Si rastreamos esta conexión en lo que respecta a Grecia, nos llevará hasta la época clásica, que es precisamente el periodo en el que tuvieron lugar la mayoría de los acontecimientos clave de este libro.

La era clásica comenzó y terminó en diferentes momentos en distintas partes del mundo antiguo, pero en Grecia tuvo lugar entre los siglos VI y IV a. C.

Eso fue hace mucho tiempo, de hecho, hace unos tres mil años. Para algunos puede ser difícil darse cuenta de que estamos hablando de personas reales que vivieron, respiraron e hicieron estas grandes hazañas, no de un impresionante personaje creado en las páginas de una novela.

¿Quieres saberlo todo? Prepárate para un extraordinario viaje a la antigua Grecia, cuna de algunas de las sociedades más extraordinarias de la historia del mundo.

Nuestro destino principal es Esparta, una ciudad situada en el sureste del Peloponeso. Fue el hogar de algunos de los más grandes guerreros que han pisado la tierra. Se vieron envueltos en más dramas de los que a uno le gustaría pensar. Los espartanos eran un pueblo que presumía de su libertad, ¡y con toda razón!

Este libro documenta todo lo que debes saber sobre Esparta, ya seas un gran aficionado, un entusiasta que quiere aprender más sobre ellos o un principiante que quiere empezar desde cero.

Con palabras claras y directas unidas mediante una narración intrigante y fácil de leer, ¡no encontrarás una historia mejor!

Primera parte:
El auge de Esparta
(1100 a. C. - 500 a. C.)

Capítulo 1 - Del mito a la realidad

Gran parte de la exuberante historia de la antigua Esparta está envuelta en los gloriosos actos de sus legendarios reyes. Sus aclamados triunfos en diferentes batallas, sus enrevesadas historias de amor y sus brillantes hazañas en la política antigua llevaron a la prominencia a una dórica ciudad-estado griega situada en el sureste del Peloponeso.

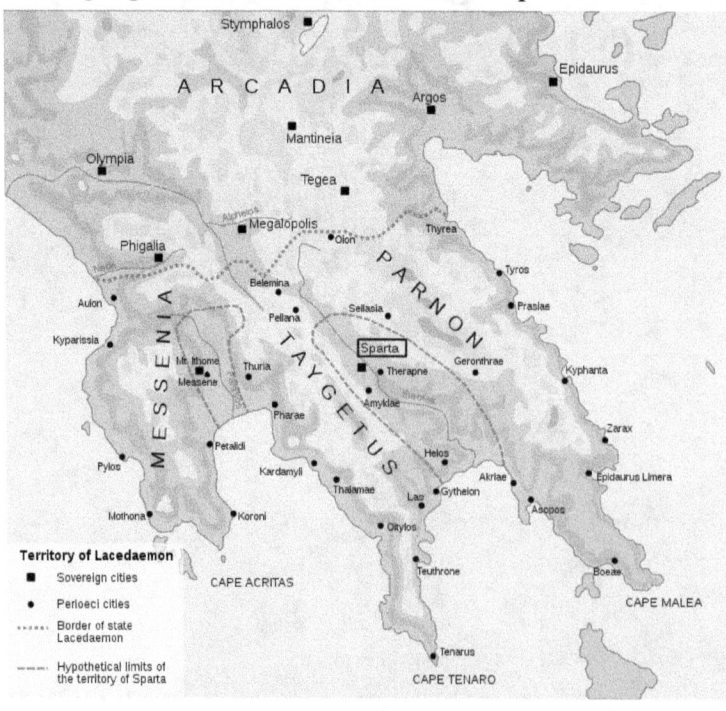

Mapa de la antigua Esparta[1]

Para comprender el crecimiento de Esparta, es importante examinar sus inicios míticos. Gran parte de lo que leerás en este capítulo se encuentra basado en leyendas, pero muchas de ellas tienen algo de verdad. Por ejemplo, es probable que en la guerra de Troya no hubiera dioses ni diosas en el campo de batalla, pero la gente de la época pensaba que esto era cierto, y es por eso por lo que a menudo ocupan un lugar tan destacado en las historias de la guerra.

En cuanto a sus orígenes, Esparta no siempre se llamó "Esparta". La ciudad-estado era antiguamente conocida como Lacedaemón, y en algunos textos se la denomina Laconia. Los historiadores Heródoto y Tucídides, a menudo, se referían a Esparta como Lacedaemonia en sus obras. Esto se debía a que surgió de la antigua capital lacedemonia del mismo nombre situada en el sur de Grecia.

Alrededor del año 1600 a. C., Lélex, hijo de Poseidón (dios griego del océano), fue el primer rey mítico de Laconia (o Esparta). Mientras que algunas tradiciones antiguas citan a Lélex como vástago del dios del sol, Helios, o de Poseidón, otras creen que Lélex era un autóctono, un mortal formado a partir de la tierra y los árboles. Se casó con una ninfa del río llamada Cleocharia, con quien tuvo muchos hijos, uno de los cuales fue su heredero, Myles.

Myles fue padre de Eurotas, quien no tuvo un heredero varón a quien cederle su reino. Le cedió el reino a Lacedaemón, hijo de Zeus. Él se casó con una de las hijas de Eurotas llamada Esparta, y de ahí proviene el nombre de este reino.

Poco sabía el rey Lacedaemón que el nombre de Esparta sería utilizado para referirse a una de las ciudades-estado más poderosas de toda la antigua Grecia.

El rey Tindáreo

La rebelión de Hipocoonte

Es posible que al leer sobre el famoso Juramento de Tindáreo te hayas topado con la leyenda del rey Tindáreo. Esto sucedió durante su búsqueda política en el matrimonio de su hijastra, Helena, quien más tarde sería conocida como Helena de Troya.

Según la tradición griega, Tindáreo era hijo de Oebalo, rey de Esparta, y de su esposa, Gorgófona. Otras fuentes afirman que era hijo del rey mesenio Perieres y de Gorgófone, su reina. A pesar de las variaciones en la genealogía de Tindáreo, todos coinciden en que tuvo varios hermanos, entre los que destacan Hipocoonte e Ícaro.

Tindáreo fue coronado rey de Esparta, pero Hipocoonte codiciaba el trono. Creía que, al ser el mayor, la corona debía ser suya. En su primer intento, Hipocoonte usurpó el trono de Esparta y envió a su antiguo ocupante, Tindáreo, al exilio, junto con su otro hermano, Ícaro (que se convertiría en el padre de Penélope, la esposa del famoso Odiseo).

Los hermanos exiliados encontraron refugio entre los habitantes de Etolia. Estos habitantes eran los legendarios Curetes, y en aquel momento se encontraban en plena guerra contra sus enemigos, los cazadores calidonios. En otras fuentes, Tindáreo pasó su exilio en una pintoresca ciudad laconia a orillas del río Eurotas, Pellana.

Tindáreo podría haber permanecido en el exilio de no ser por la intervención de Heracles, el famoso hijo de Zeus. Las campañas militares de Heracles en la península del Peloponeso tuvieron como objetivo al soberano de Pilos, el rey Neleo, y a todos sus aliados. Luego de que el rey Neleo y sus hijos fueran derrotados, sus aliados, incluido el reinante Hipocoonte, corrieron la misma suerte. Sin Hipocoonte ni sus hijos, Tindáreo regresó a Esparta y reclamó su trono.

Leda y el cisne

A menudo, los dioses interactuaban con los mortales apareciéndose ante ellos bajo distintas formas. Cuando el rey Tindáreo ascendió al trono de Esparta, su bella reina, Leda de Etolia, le dio cuatro hijos: Clitemnestra, Helena, Pólux y Cástor. Pero no todos eran hijos suyos.

Según fuentes antiguas, Zeus, el dios del cielo, quedó cautivado por la belleza de Leda. Su deseo por ella lo impulsó a descender del Olimpo en forma de cisne, y se acostó con ella la noche en que debía estar con su marido, el rey.

La reina Leda quedó embarazada y dio a luz dos huevos, cada uno de los cuales contenía dos hijos. Dado que Leda también se acostó con su marido esa misma noche, existen versiones contradictorias sobre a quién pertenecían los hijos, si a Zeus o a Tindáreo. En cualquier caso, el rey Tindáreo los crió como si fueran suyos.

En los años veinte, William Butler Yeats compuso un soneto para este encuentro, y la leyenda de Leda y el Cisne fue representada en pinturas, esculturas, murales, poemas épicos y otras formas de arte.

Leda y el cisne, copia del siglo XVI basada en el cuadro de Miguel Ángel hoy perdido: *Juramento de Tindáreo*

Se cree que Helena (sí, la famosa Helena de Troya) es una de las hijas de Zeus, el rey de los dioses. Se escribió que era tan encantadora como la reina Leda, aunque muchos dicen que era la mujer más bella del mundo. Su condición de divinidad era cómplice de su irresistible encanto, que atrajo la atención de una horda de solteros codiciados por toda Grecia.

Helena de Troya de *Dante Gabriel Rossetti, 1863*

De joven, Helena fue raptada por Teseo de Atenas (el famoso asesino del Minotauro). Como se creía divino, era justo que se casara con alguien que también lo fuera. Y no hay nada mejor que la hija de Zeus. La escondió con su madre, Aethra, y luego se fue de expedición al inframundo con su amigo.

Su ausencia fue una oportunidad para los hermanos de Helena, Cástor y Pólux. Capturaron Atenas y se llevaron a su hermana de vuelta a Esparta. Como castigo por su afrenta, la ciudad fue saqueada, y su madre fue tomada como esclava.

Cuando Helena alcanzó la mayoría de edad, los pretendientes acudieron en masa al palacio del rey Tindáreo, cada uno pidiendo fervientemente su mano en matrimonio. Odiseo, Áyax el Grande, Menesteo, Patroclo, Menelao y Agamenón (algunas fuentes dicen que Agamenón estaba allí para representar a Menelao) fueron algunos de los muchos hombres que pretendían casarse con Helena.

Todos los pretendientes ofrecieron lujosos regalos a la familia real de Esparta, pero el rey Tindáreo no estaba seguro de a quién elegir. Si no era lo bastante diplomático en la elección, corría el riesgo de ofender a los pretendientes, provocando guerras y conflictos. Los tiempos eran delicados, y la situación, incierta, por lo que la cautela era una necesidad imperiosa para Tindáreo.

Odiseo de Ítaca, uno de los pretendientes, vio la difícil situación del rey espartano y le ofreció una solución. A cambio de la mano de Penélope, la sobrina del rey, Odiseo encontraría una forma diplomática de resolver la situación. El rey Tindáreo aceptó entusiasmado la oferta de Odiseo y, tal y como había prometido, se propuso una solución. Todos los pretendientes firmarían un pacto de no hostilidad hacia el pretendiente elegido, que incluía la promesa de tomar las armas contra cualquiera que supusiera una amenaza para el pretendiente elegido y su esposa.

Los pretendientes aceptaron el juramento, que pasó a conocerse como el Juramento de Tindáreo, ya que los mantendría en la línea por la mano de Helena en caso de que el elegido flaqueara. Menelao, príncipe de Micenas (la Esparta anterior a Doria), fue elegido marido de Helena, y su hermano mayor, el rey Agamenón de Micenas, se casó con Clitemnestra, la hermana de Helena.

Sin embargo, el matrimonio de Helena con Menelao daría un giro inesperado cuando un apuesto príncipe troyano entró en escena.

El rey Menelao

Menelao y su hermano Agamenón nacieron en el fragor de una turbia disputa de poder entre su padre, Atreo, y su tío, Tiestes. La contienda fue tan intensa que su padre murió a manos de su primo, Egisto, y Tieste asumió el trono de Micenas.

Su tiránico tío obligó a Menelao y Agamenón a vivir su juventud en el exilio. Cuando los hermanos exiliados conocieron al rey Tindáreo, hicieron acopio de su fuerza militar y, con su ayuda, recuperaron su patria de manos de Tiestes. Agamenón se convirtió en rey de Micenas y Menelao se casó con Helena, la hijastra del rey Tindáreo.

Poco después de su unión, el rey Tindáreo y su esposa, Leda, renunciaron a sus cargos de rey y reina de Esparta. Menelao y Helena tomaron el relevo y nació Hermione, su primera hija.

La guerra de Troya

El príncipe Paris (también conocido como Alejandro) no había sido uno de los pretendientes que hicieron el Juramento de Tindáreo. Pero tampoco deseaba a Helena, al menos hasta que conoció a la diosa Afrodita. Como recompensa por elegirla la diosa más bella, Afrodita le prometió a Paris que la mujer más bella del mundo sería su esposa.

Tras su encuentro con la diosa, el príncipe de Troya se reunió con su familia y emprendió un viaje diplomático a Esparta, o eso parecía. La verdadera misión de Paris en Esparta era encontrar a Helena y hacerla suya con la bendición de Afrodita. Al descubrir que la reina Helena era tan hermosa como decían los cuentos, el príncipe troyano se enamoró de ella.

Cuando Paris se enteró de que el marido de Helena estaba en la lejana Creta para asistir a un funeral, se fugó con Helena a Troya. Los relatos tradicionales dan distintas versiones sobre la fuga de Helena a Troya. Algunos deducen que fue sacada a la fuerza de su palacio por un Paris ebrio de lujuria, mientras que otros afirman que Helena, por intervención de Afrodita, se enamoró de Paris y abandonó voluntariamente Esparta con él.

La emigración de Helena a Troya, forzada o voluntaria, quedó sellada por el matrimonio con Paris. Ya no era Helena de Esparta, sino Helena de Troya, y esto sentó el precedente de la guerra más legendaria de los anales de Esparta: la guerra de Troya.

Heródoto escribe que no era la primera vez que la esposa de un rey reinante era arrebatada por otro. La fuga de Helena fue uno de los muchos incidentes de este tipo en aquella época, por lo que es probable que Paris previera consecuencias leves o nulas por sus actos.

Por el contrario, el rey Menelao se enfureció al volver a casa y encontrarse con una cama vacía. El acontecimiento sin precedentes también había dejado desanimada a su hija, Hermione.

La Ilíada, el famoso poema griego escrito por Homero que se centra en la guerra de Troya, destaca que la acción inicial del rey Menelao fue encabezar una misión diplomática a Troya para solicitar el regreso de su esposa.

Paris y los troyanos se negaron, avivando las llamas de la furia y la sed de venganza en Menelao. Un príncipe de Troya había insultado al rey de Esparta y, de hecho, a la propia Esparta. A diferencia de otros que se habían salido con la suya tomando a las esposas de otros reyes, el desafío del príncipe Paris no se pasaría por alto.

Menelao reunió a sus hombres y, a través de Agamenón, convocó a todos los pretendientes de Helena que habían hecho el Juramento de Tindáreo para que mantuvieran su pacto. Con los reyes, príncipes y nobles del Peloponeso de su lado, Menelao forjó una formidable alianza. Pudo recurrir a su hermano Agamenón, al astuto Odiseo y al legendario héroe de guerra Aquiles, sólo por nombrar a algunos. Juntos, marcharon hacia Troya, que se cree que está en la actual Turquía, y asediaron su fortaleza en el siglo XII o XI a. C.

En algunas versiones, la guerra de Troya se presenta como una de las formas de Zeus de reducir la población humana en la Tierra. Aunque sabemos que este no fue el motivo de la guerra, es fácil entender por qué la gente de la época pensaba así. Al fin y al cabo, la guerra de Troya causó un gran número de víctimas.

Se cree que la guerra de Troya duró diez años y que miles de personas murieron en combate, mientras que otros cientos desertaron. Los troyanos tenían ventaja sobre sus enemigos, ya que su ciudad estaba protegida por murallas casi impenetrables. También tenían más conocimiento del terreno que sus enemigos.

Sin embargo, los griegos tenían más hombres luchando, pero al morir Aquiles en la batalla, los griegos se dieron cuenta de que necesitaban una estrategia que pusiera fin a la guerra de una vez por todas a su favor.

A Odiseo se le ocurrió otra solución brillante.

A la mañana siguiente, los troyanos se despertaron con la noticia de la rendición de Menelao. Después de asediar las puertas de Troya sin ningún éxito, los griegos habían zarpado de vuelta a casa. La guerra había terminado. Los griegos dejaron un gigantesco caballo de madera en las costas de Troya como ofrenda a Atenea.

Una réplica del Caballo de Troya de la película Troya. ¡Algunos creen que el Caballo de Troya podría haber sido en realidad un barco!'

Los hombres de Troya lo celebraron y trasladaron el monumento a la ciudad como trofeo de su triunfo en la batalla. Parecía que Helena de Troya ya no tendría que volver a Esparta.

Sin que los troyanos lo supieran, el Caballo de Troya era una estratagema de los griegos, y su letal plan se pondría en marcha esa noche. Menelao y los mejores guerreros de Grecia estaban escondidos dentro del Caballo de Troya. Mientras los troyanos dormían, los griegos salieron de su escondite y le abrieron las puertas de la ciudad al resto de sus tropas.

Troya fue saqueada sin piedad y los troyanos masacrados. De hecho, el Caballo de Troya no fue el símbolo de la victoria que los troyanos habían imaginado. Fue un instrumento en la caída de Troya y, en realidad, fue el trofeo de Menelao y sus aliados.

La invasión dórica y el comienzo de la Edad Media griega

Heracles, hijo de Zeus y Alcmena, fue un semidiós griego y el progenitor de los Heracleidos (o Heráclidas).

El rey Euristeo, último rey micénico de la dinastía Perseida, era enemigo acérrimo de Heracles, y su odio se extendía a los descendientes de éste. Según las antiguas tradiciones griegas, Euristeo los expulsó a todos de sus tierras en el Peloponeso.

Los Heráclidas desterrados fueron recibidos por el rey Egimio de Doris, y se integraron en la comunidad dórica. Doris era una pequeña región del centro de Grecia y sus habitantes hablaban dórico, uno de los principales dialectos del griego clásico.

A diferencia de las ciudades griegas aqueas vecinas, con su elaborado estilo de vida cultural y sus magníficas estructuras, los dorios preferían la vida sencilla y comunal de los pastores. Trabajaban el campo como agricultores y pastores, y sus hombres eran hábiles en la guerra.

Muchas generaciones después, los descendientes de Heracles, ya plenamente dorios, regresaron al Peloponeso para reclamar su tierra natal. Este acto es históricamente conocido como la invasión doria, y tuvo lugar a principios del siglo XI.

El término "invasión" describe la migración de los dorios a la Grecia micénica, y no fue una guerra típica. Sin embargo, el calificativo se adoptó debido a la violenta naturaleza de la ocupación doria de Grecia.

Como venganza por su exilio, los dorios, armados con espadas, asaltaron la ciudad de Micenas, que era el epicentro de la naciente civilización griega, y destruyeron sus edificios. También tomaron Laconia, Argólida y Mesenia, y se adentraron en el sur de las islas del Egeo. Los antiguos ocupantes de las ciudades griegas capturadas huyeron a las montañas de Arcadia, y otros buscaron asilo en Asia Menor y el Ática.

Los dorios llevaron su campaña de asentamiento más allá de las costas de Grecia, a partes de Italia y el norte de África, mientras se mantenían firmes en Esparta, Argos y Corinto. La repentina conquista de una tribu rural casi desconocida puso fin potencialmente a la era micénica en Grecia y anunció una época de rápido declive cultural.

Los detalles de estos tiempos han permanecido en la oscuridad porque los registros históricos escritos durante la época micénica se perdieron durante la invasión doria. Por eso los historiadores la llaman la "Edad Oscura".

Una vez que los dorios se convirtieron en la clase dominante del Peloponeso, su lengua, el dórico, pasó a ser el dialecto dominante en todo el territorio.

Con la población de griegos ampliamente disminuida y las estructuras culturales desmanteladas, la riqueza de la Grecia pre-dórica sufriría un gran declive. Los documentos históricos escritos se extraviaron, los sistemas comerciales y socioeconómicos se derrumbaron y la gloria de la Edad de Bronce quedó sepultada bajo los escombros de palacios y templos destruidos.

El fin de la Grecia micénica dio protagonismo a Esparta como sede del poder político. Los heráclidas (o heracleidas) del siglo VII, justificados por su condición de únicos descendientes de Zeus, tomaron las riendas de los asuntos políticos.

En medio del caos de la Edad Media griega, surgió un nuevo gobierno. Dos dinastías gobernantes surgirían de entre los descendientes de Zeus: las Agíadas y los Euripóntidas. Dos reyes gobernarían Esparta.

Esta era una de las disposiciones de la nueva Constitución Espartana, la Gran Rhetra, formulada por un sabio legislador que respondía al nombre de Licurgo.

Capítulo 2 - Las reformas de Licurgo

Licurgo de Esparta

El biógrafo e historiador griego Plutarco, en su obra titulada "La vida de Licurgo", ofrece el relato más detallado que existe de la vida de Licurgo, estadista espartano del siglo IX. A Licurgo se le atribuye la fundación del orden político espartano postdórico, que sacó a Esparta de la turbulenta Edad Media griega.

Poco se sabe sobre el linaje o la existencia real de Licurgo, pero algunas leyendas sostienen que pudo ser la manifestación humana del dios Apolo. Sin embargo, esto contradice el relato de Plutarco, en el que Licurgo realiza sacrificios a Apolo en algún momento de su vida. Plutarco afirma que Licurgo era descendiente de Heracles y príncipe de una de las dos casas gobernantes de Esparta.

Sin embargo, los historiadores coinciden en que el camino de Licurgo hacia la fama comenzó con la muerte de su hermano mayor, Polidectes de Esparta. Polidectes dejó a su hijo, Charilao, al cuidado de Licurgo. Licurgo nombró rey al niño, y la noticia de su hazaña se extendió por toda Esparta.

Cuanto más famoso se hacía Licurgo por su humildad y su fe en la justicia, más lo detestaba la reina, madre de Carilao. Estaba convencida de que la generosidad de Licurgo era una fachada y que secretamente deseaba hacerse con el trono.

Licurgo fue incapaz de convencer a la reina y a su pueblo de su sinceridad hacia Carilao, por lo que decidió abandonar Esparta. Emprendió un largo viaje que lo alejó del joven rey hasta que éste tuvo edad suficiente para engendrar un heredero.

El viaje

Tras perder una elevada posición política en Esparta, la primera parada de Licurgo fue Creta, una ciudad-estado griega que también había sido conquistada durante la invasión doria.

Creta se estaba recuperando rápidamente del tumulto de la Edad Media. Había sido gobernada por el rey Minos, hijo de Zeus y Europa. Minos era un excelente legislador, y Licurgo inspiraría sus reformas en la obra de Minos.

Tales, músico y poeta lírico, era conocido de Licurgo en Creta. Tales sabía hacer música hermosa y relajante, y sus interpretaciones tenían un efecto casi mágico en la gente. Supuestamente, cada vez que Tales actuaba en una sala de banquetes, sus oyentes dejaban de lado sus diferencias y se comprometían a ser personas virtuosas. Licurgo consideró que la influencia de la música de Tales podía ser útil para preparar los corazones de su pueblo para las reformas que llevaría a Esparta.

A continuación, Licurgo visitó Jonia. Para su fascinación, su estilo de vida variaba profundamente del de los dorios. Los jonios, una de las cuatro principales tribus étnicas de la antigua Grecia, eran culturalmente sofisticados. Su arte y filosofía habían avanzado considerablemente, dejando atrás a los austeros dorios. En Jonia, Licurgo conoció la obra de Homero, que estudió y popularizó ampliamente. Plutarco destaca que Licurgo hizo también una rápida parada en Egipto, donde adquirió refinados conocimientos militares. También llegó a España y la India, donde observó los elementos únicos de su sociedad y política.

La exposición de Licurgo a culturas y civilizaciones extranjeras acrecentó su pasión por reformar los fundamentos políticos de Esparta. No había mejor momento para recibir una nota escrita del pueblo de Esparta suplicando su regreso.

"Rey de la Bienvenida"

Licurgo fue recibido en Esparta con una gran celebración. Al parecer, la admiración del pueblo por él no había hecho más que aumentar desde su partida. Su sobrino, el rey Carilao, se aterrorizó ante la noticia de su regreso, temiendo que Licurgo hubiera venido a usurpar el trono de Esparta.

Afortunadamente, Licurgo tenía peces más gordos que freír. Se dirigió al templo de Apolo, donde se encontraba Pitia, la gran sacerdotisa y oráculo de Delfos. Allí se entregó al dios, buscando su consejo y bendición para su misión de reformar Esparta.

El Oráculo respaldó a Licurgo, y esto se tradujo en un enorme apoyo para Licurgo, ya que el Oráculo era muy venerado entre el pueblo. Los seguidores de Licurgo aumentaron en toda Esparta, y sus reformas forjarían la ciudad-estado más famosa de Grecia.

Dibujo de Licurgo de Esparta[6]

Las reformas de Licurgo

Una Esparta políticamente atrofiada necesitaba urgentemente un nuevo conjunto de leyes en las que basarse. Tras recibir las bendiciones del Oráculo, Licurgo se inspiró para formular un cuerpo de leyes conocido como la Gran Rhetra. Supuestamente, Licurgo dijo que no habría una constitución escrita, por lo que se cree que la Gran Rhetra se transmitió oralmente. Sin embargo, es posible que en algún momento se redactara por escrito, ya que conocemos gran parte de su contenido.

Bajo la nueva constitución, Esparta sería gobernada por dos reyes en lugar de uno, y el poder se repartiría a partes iguales.

La Gerousia

La Gerousia era un consejo de ancianos, compuesto por treinta hombres en total: veintiocho hombres y los dos reyes de Esparta. Según la Gran Rhetra, los miembros de la Gerousia se denominaban *gerontes* y debían tener al menos sesenta años.

Una vez elegidos, los miembros de la Gerousia, excluidos los reyes, formaban parte del consejo de por vida. Los candidatos solían ser elegidos entre la aristocracia y votados por los ciudadanos espartanos. La votación se realizaba a viva voz y, a pesar de sus muchos defectos, se mantuvo en uso en la antigua Esparta durante muchas generaciones.

Colectivamente, la Gerousia ejercía un inmenso poder judicial, incluido el poder de veto sobre la Asamblea Espartana (la Apella). En palabras de Plutarco, la creación de la Gerousia supuso una ruptura con la anarquía y la tiranía que habían caracterizado la mayor parte de la Edad Media griega. El poder de los reyes podía entonces controlarse, y los ciudadanos podían ser realmente escuchados.

La redistribución

> "Porque había una desigualdad extrema entre ellos, y su estado estaba sobrecargado con una multitud de personas indigentes y necesitadas, mientras que toda su riqueza se había centrado en muy pocos. Por lo tanto, con el fin de expulsar del estado la arrogancia y la envidia, el lujo y el crimen, y esas enfermedades aún más inveteradas de la necesidad y la superfluidad, obtuvo de ellos que renunciaran a sus propiedades, y que consintieran en una nueva división de la tierra, y que todos vivieran juntos en igualdad de condiciones; el mérito sería su único camino hacia la eminencia".

Estas palabras de Plutarco resumen el trasfondo de las reformas agrarias de Licurgo en Esparta. La totalidad de la tierra de Esparta fue dividida en partes iguales y devuelta al pueblo. Con ello se puso fin a la plaga de la propiedad hegemónica de la tierra por parte de la codiciosa élite.

A continuación, Licurgo abordó el sistema de acuñación de moneda de Esparta. La nación estaba plagada de riquezas en manos de unos pocos (los ciudadanos de pleno derecho de Esparta, conocidos como los espartiatas) y de corrupción explotadora.

En su sabiduría, Licurgo creía que una medida directa contra la riqueza acaparada por la élite minoritaria acabaría con la relativa estabilidad de Esparta. En su lugar, se centró en el sistema de acuñación de moneda existente, la fuente de su riqueza mal habida. Por orden suya, se prohibió la posesión de oro y plata. La nueva moneda de Esparta estaba hecha de hierro y recubierta de vinagre, lo que la hacía frágil y sin valor para los comerciantes extranjeros.

¿De qué servía una moneda que no podía gastarse en otros estados de Grecia? Las relaciones comerciales pronto disminuyeron, al igual que la riqueza de la élite corrupta. Sin acceso a los lujos, había pocas ganas de enriquecerse por medios ilícitos, tal y como había predicho Licurgo.

Y lo que es más importante para Esparta, el pueblo empezó a depender de los bienes internos. Esto significa que Esparta no tuvo que interactuar tanto con potencias extranjeras, lo cual le permitió a la sociedad ser autosuficiente en casi todo.

La institución de los comedores

En Esparta, los comedores públicos sólo eran frecuentados por los miembros más humildes de la sociedad. Los ricos preferían cenar cerdos cebados, servidos en fuentes bañadas en oro, en la comodidad de sus lujosas casas. Comían las frutas más raras y exóticas y el mejor vino. Estaban obsesionados con la exhibición privada y llamativa de vajillas brillantes de plata y oro.

Licurgo introdujo su tercera reforma, que ordenaba que todos los hombres de Esparta, independientemente de su estatus social, comieran en los comedores públicos. Este sistema se denominó syssitia.

Los ricos, incluso los reyes de Esparta, ya no cenarían extravagantemente o en privado con sus esposas, sino que seguirían una dieta sencilla.

La carne que se compartía en los comedores procedía de los sacrificios de animales que se hacían a los dioses, ya que una parte del sacrificio se guardaba para el comedor. La carne también procedía de las cacerías, ya que los hombres debían enviar parte del animal para estas comidas comunes. Eran pocas las circunstancias que permitían a los hombres ausentarse de la mesa.

Reformas militares y legado

Licurgo era un ferviente creyente en la disciplina militar y la buena forma física, por lo que incorporó a la estructura espartana elementos de los conocimientos adquiridos durante su estadía en Egipto y otras naciones.

Antes de las reformas, el ejército espartano estaba formado por hombres de guerra duros y valientes. Licurgo previó la importancia de entrenar la mente y el cuerpo de los jóvenes espartanos para que pudieran dar gloria a Esparta. Los hombres jóvenes necesitaban ser absorbidos por el arte de la guerra, y las mujeres jóvenes tenían que entrenar sus cuerpos para producir hombres espartanos fuertes.

Para los hombres, se introdujo un programa de educación militar llamado agogé. Una vez que los niños espartanos cumplían siete años, eran apartados de sus familias para someterse a un riguroso entrenamiento. Al principio, Licurgo entrenaba a los niños. A medida que el sistema evolucionaba, se incorporaron más entrenadores calificados.

Licurgo creía que el proceso, similar a la fabricación de oro de la mejor calidad, sólo sería superado por los mejores hombres espartanos. Los muchachos eran enseñados, castigados y puestos a prueba en las condiciones más duras y examinados minuciosamente por los ancianos de Esparta.

La agogé era altamente competitiva e inculcaba a los jóvenes espartanos una disciplina bruta y una vigilancia sin igual. Se creía que estos valores eran los principios básicos de un verdadero guerrero, y el mayor honor para un joven en Esparta era completar su entrenamiento y estar listo para la batalla.

Bajo la tutela de Licurgo, las mujeres de Esparta no quedaron al margen de las actividades físicas. Luchaban, boxeaban y participaban en otros deportes para mantenerse en plena forma para la maternidad. Creían que, de este modo, sus cuerpos sólo podrían engendrar hijos que no estuvieran mal formados ni enfermos.

Licurgo sabía que un enemigo de Esparta podía dominar todas sus estrategias militares durante una batalla prolongada. De ahí que desaconsejara la guerra repetida contra los mismos enemigos. Las técnicas militares de Esparta no podían llegar a ser de dominio público, pues de lo contrario Esparta corría el riesgo de sufrir una aplastante derrota.

Algunas fuentes históricas atribuyen a Licurgo ciertas reformas matrimoniales, todas ellas centradas en la templanza y la moderación sexual. Sin duda, Licurgo anhelaba una Esparta desprovista de corrupción, glotonería y libertinaje, ya se tratara de hombres o mujeres, ricos o pobres.

Los anales de Esparta describen a Licurgo como un líder visionario que priorizaba la prosperidad colectiva del pueblo sobre las ganancias personales egocéntricas. Era muy pragmático en su enfoque de la política espartana y, con el respaldo del Oráculo de Delfos, se ganó el corazón de muchos espartanos.

John Lewis Gaddis, historiador del siglo XXI, utiliza la expresión "un zorro con brújula" para describir la astuta personalidad de Licurgo. Al elegir abandonar Esparta para que reinara la paz en lugar de matar a su sobrino y a la reina, Licurgo se consagró como un hombre reacio a la codicia. A este rasgo dedicó su vida, ya que trató de inculcarlo a sus semejantes.

Por supuesto, hay algunos críticos. Algunos relatos históricos acusan a Licurgo de ser un fascista obsesionado con la perfección que abogaba por la temida práctica de arrojar a los niños enfermos a Kaiadas, una cueva. Al parecer, bajo el mandato de Licurgo, los espartanos no veían ninguna utilidad para esos niños en las agogé ni en otros entrenamientos patrocinados por el Estado. Los arqueólogos que excavaron Kaiadas han refutado esta afirmación, declarando que no se encontraron restos de bebés en la fosa. Sin embargo, dado que esta leyenda ha llegado hasta nuestros días, podría haber algo de cierto en ella; después de todo, otras sociedades de todo el mundo abandonaban a los bebés si no podían cuidarlos adecuadamente. Es posible que Esparta también lo hiciera, aunque no fuera por la necesidad de purgar a sus bebés para crear una sociedad espartana perfecta.

El final del camino

La vida de Licurgo está impregnada de leyendas. Una de ellas cuenta que, tras haber cumplido su aspiración de sentar los precedentes de la sociedad espartana contemporánea, Licurgo fue apedreado en el mercado por los nobles y vituperado por sus medidas para lograr un pueblo más igualitario.

Licurgo huyó del mercado y Alcandro, uno de los nobles, lo persiguió. Atacó a Licurgo y lo golpeó en el ojo, dejándolo ciego.

Los otros nobles encontraron a los dos y se quedaron estupefactos ante lo ocurrido. Conmovidos por la culpa de haber maltratado a Licurgo, los espartanos entregaron a Alcandro a este último.

Licurgo se llevó al joven y despidió al pueblo, pero en lugar de vengarse de él, perdonó a Alcandro. Acogió al joven y lo educó para que alcanzara la grandeza. La noticia de este acto se extendió por toda Esparta, y el pueblo admiró a Licurgo más que nunca.

Un día, Licurgo reunió al pueblo de Esparta, tanto amigos como enemigos, para una ocasión importante. Ante el creciente malestar en Esparta por su administración, había decidido hacer algo, lo mismo que había hecho cuando se lo acusó de ser una amenaza para su sobrino Charilao.

Licurgo abandonaría Esparta.

Antes de su partida, Licurgo les hizo jurar a los espartanos que respetarían sus reformas. Les había mostrado su gracia al no permitir que se escribiera la Gran Rhetra, dándoles margen para modificarla.

Una vez que los espartanos juraron cumplir sus leyes, Licurgo se marchó y nunca más se supo de él. La vida y muerte posteriores de Licurgo están tan envueltas en el misterio que algunas fuentes de la mitología griega clásica lo describen como una "desaparición de la historia". Otros afirman que se murió de hambre para sellar el juramento de los espartanos.

Los numerosos seguidores de Licurgo formaron un culto de héroe en su honor y, durante muchas generaciones, se lo consideró un faro de los ideales de Esparta. Muchos le atribuyen a Licurgo el mérito de haber llevado a Esparta a las páginas de la historia.

Después de todo, la ciudad de Esparta nunca volvería a ser la misma tras las reformas de Licurgo.

Capítulo 3 - Las guerras mesenias

Tras la invasión doria de Grecia, Esparta trató de ampliar el control político, el dominio cultural y la propiedad de la tierra de los dorios. Naturalmente, la primera etapa de esta expansión fue hacia las ciudades-estado cercanas de la península del Peloponeso: Argos al noreste y Mesenia al oeste.

Mesenia albergaba hermosos y fértiles campos que rápidamente captaron el deseo de los dorios (espartanos). La tierra era una gran medida de la riqueza de cualquier nación, y un pueblo tan pastoril como los dorios lo sabía muy bien. Es cierto que habían tomado la mayor parte de Mesenia durante su invasión, pero el poder político de la región seguía en manos de los aqueos. En consecuencia, los espartanos crearon un mandato para apoderarse de ella.

La búsqueda espartana de anexionar Mesenia, así como las reacciones históricas provocadas en el curso de esta búsqueda, fue documentada por Pausanias como las guerras Mesenias.

Los catalizadores

Las guerras rara vez estallan por impulso. Normalmente, las tensiones se acumulan, a veces durante generaciones, y se elevan como magma volcánico caliente para estallar al menor detonante. Según el antiguo viajero griego Pausanias, este fue el caso de las guerras mesenias, una serie de batallas entre Esparta y su vecina Mesenia.

La saga de reyes

La base del desacuerdo entre estas dos ciudades-estado griegas eran sus contrastadas disposiciones étnicas. Los aqueos no podían aceptar la imposición de un comandante dórico, Cresfontes, como nuevo rey de Mesenia. Al fin y al cabo, pertenecía al "poco sofisticado" clan heráclida que había expulsado a muchos griegos de sus tierras durante la invasión doria.

La posición de Cresfontes como rey no fue aceptada hasta que tomó la mano de Mérope en matrimonio. Mérope era una princesa arcadia, hija del rey aqueo Cipselo. Los aqueos eran vecinos amistosos de los arcadios. Obviamente, el matrimonio fue un intento diplomático de consolidar el poder de Cresfontes.

¿Funcionó?

No, no realmente. Parecía como si los aqueos pudieran ver a través del rey, y el matrimonio de conveniencia no fue suficiente para apaciguarlos para siempre. A los ojos de los aqueos, Cresfontes seguía siendo una amenaza para la supremacía política aquea en Mesenia.

Finalmente, los nobles aqueos urdieron y ejecutaron un sangriento golpe de estado que supuso la muerte del rey Cresfontes y de todos sus hijos excepto uno: el joven príncipe Aepito.

El príncipe Aepito se salvó porque se había asimilado socialmente a la cultura aquea. Había sido educado en Arcadia. Pensaba, actuaba y hablaba como un Arcadio. Esencialmente, el joven príncipe sólo era dórico de sangre.

Al subir al trono, Aepito se convirtió en el primer rey de una nueva dinastía mesenia conocida como los Aepítidas.

Los dorios que ocupaban partes de Mesenia estaban furiosos por la "aqueanización" del único heredero que le quedaba al rey Cresfontes, pero eran una minoría en la región. Poco podían hacer.

Por ello, pidieron ayuda a su madre, Esparta. Para entonces, si bien la campaña expansionista espartana en Argos había tenido éxito, Mesenia aún no había sido sometida.

Las vírgenes del templo de Artemisa

Veinticinco años antes del estallido de la Primera Guerra de Mesenia, se produjo un suceso en un templo de Artemisa que actuó como otro catalizador de la guerra.

Artemisa, hija de Zeus y hermana gemela de Apolo, era venerada en Grecia como diosa de la caza, la luna y la castidad. Su templo era sagrado y prohibía cualquier forma de violencia contra el hombre o la mujer.

Un día, durante el reinado de Fintas, se celebró una gran fiesta en el templo de Artemisa, situado en la frontera entre Mesenia y Laconia.

A la fiesta asistieron destacados mesenios y espartanos, entre ellos el rey Teleklos de Esparta. De algún modo, aquel día estalló una terrible violencia. Pausanias cuenta dos versiones de la historia, que proceden tanto de los registros históricos espartanos como de los mesenios.

La tradición espartana afirma que los mesenios asistentes atacaron indebidamente a las vírgenes que adoraban en el templo de Artemisa y las violaron. Los mesenios también asesinaron al rey Teleklos de Esparta, desafiando lo que era terreno sagrado.

Por otro lado, la versión mesenia afirma que se trató de un contraataque contra Teleklos, que había disfrazado a jóvenes armados de vírgenes. Supuestamente, se trataba de una estrategia para acceder al templo. Así podrían atacar y masacrar más fácilmente a la nobleza mesenia.

Se desconoce la verdad, pero el día acabó igual. El rey Teleklos y su ejército de vírgenes u hombres mal disfrazados fueron atacados y asesinados por los mesenios en la morada sagrada de Artemisa.

El fuego de la guerra entre Esparta y Mesenia llevaba tiempo avivándose; sólo faltaba la chispa final.

Esta creciente animosidad sobreviviría a toda una generación y se transmitiría a la siguiente.

El disparador

Cuando Polícrates, un atleta de Mesenia, ganó la carrera del *stadion* ("estadio") y fue nombrado campeón de los Juegos Olímpicos de 764 a. C., su fama se extendió por toda Grecia. No debía saber que se vería envuelto en la escaramuza que desencadenaría una guerra entre vecinos rivales.

Euaifnos, un espartano, le prestó unas tierras de pastoreo al campeón olímpico. Esto significaba que Polícrates podía utilizar las tierras para cultivar y criar ganado a cambio de un pago a Euaifnos.

Un día, sin su consentimiento, Euaifnos vendió el ganado de Polícrates a unos mercaderes y se quedó con el dinero. Cuando se enfrentó a

Polícrates, Euaifnos dijo que había habido una incursión de piratas, que se llevaron el ganado.

Por desgracia para Euaifnos, sus mentiras quedaron al descubierto cuando uno de los pastores de Polícrates, que había escapado por los pelos de una mala experiencia con los mercaderes, le contó la verdad a su amo. Repugnado por su deshonestidad, Polícrates se enfrentó de nuevo a Euaifnos. Euaifnos se disculpó al instante. Le pidió que enviara a su hijo a recuperar el dinero obtenido ilícitamente de la venta de ganado. Polícrates accedió, pensando que Euaifnos estaba dispuesto a arreglar las cosas.

Sin embargo, Euaifnos traicionó de nuevo la confianza de Polícrates asesinando a su hijo cuando se encontraban fuera de las fronteras de Esparta. Euaifnos no tenía intención de devolver el dinero.

Cuando Polícrates se enteró del asesinato de su hijo, juró vengarse, no sólo del espartano que le había hecho daño, sino de todos los espartanos que pudiera encontrar. Pidió justicia al gobierno espartano. Pero tardó demasiado. Polícrates decidió hacer justicia por su cuenta y se embarcó en una oleada de asesinatos.

El gobierno espartano entró en acción y exigió la extradición de Polícrates por el asesinato de espartanos. El gobierno de Mesenia apoyó a Polícrates, exigiendo primero el castigo para Euaifnos.

Los intentos de una resolución diplomática se vieron frustrados por un conflicto interno entre los dos reyes de Mesenia: Androcles y Antíoco. Los reyes y sus partidarios fueron incapaces de ponerse de acuerdo sobre la extradición de Polícrates. El rey Androcles, que estaba a favor de la extradición, fue asesinado por los partidarios de Antíoco, que estaban en contra de la extradición.

Cuando su hijo, Eufrasio, se convirtió en rey de Mesenia, el rey Alcímenes de Esparta le declaró la guerra.

Primera guerra mesenia (743 a. C. - 724 a. C.)

La guerra es el lugar en el que las mejores estrategias, la fuerza bruta y las más sofisticadas armas de destrucción se unen para determinar quién es el vencedor y quién el vencido. Un ataque sin precedentes desde el bando espartano fue el primer acto de guerra, y puede que la Primera Guerra Mesenia ya tuviera a su vencedor coronado en sus inicios.

El rey espartano Alcmenes, hijo del asesinado rey Teleklos, emprendió una campaña para apoderarse de Anfea en un ataque nocturno por sorpresa.

Anfea era una ciudad mesenia que se creía situada en las colinas de la frontera espartana. Era la base militar perfecta para Alcmenes y sus tropas. Así que, al amparo de la noche, los espartanos se colaron por las puertas abiertas y desprotegidas de Anfea y saquearon la ciudad sin piedad, despertando a los adormilados nativos para que se encontraran con su destino.

Conmocionados y desprevenidos, los habitantes de Anfea huyeron para salvar sus vidas. Algunos se refugiaron en los templos, mientras que otros huyeron a las puertas de la ciudad para escapar de la ira de los espartanos. A los desafortunados que no pudieron escapar, les esperaba una dura vida de esclavitud o una muerte brutal.

Los espartanos se sintieron como en casa en su nueva base. Desde Anfea seguirían avanzando hacia otras partes de Mesenia. No se detendrían hasta que toda la ciudad-estado reconociera el dominio espartano.

Las noticias llegaron rápidamente al rey Eufrasio, que residía en la capital de Mesenia, Stenykleros. Eufrasio se apresuró a informar a su pueblo de la grave situación. Su enemigo, Esparta, había dado el primer paso, y Anfea había caído cautiva por negligencia e insolidaridad, un error que no podía repetirse.

El rey Eufrasio movilizó a mesenios de todas partes para fortificar sus ciudades. Los ciudadanos fueron adiestrados a fondo en el arte de empuñar las armas y otras tácticas defensivas.

La estrategia de Eufrasio era simple: evitar lanzar una ofensiva contra las fuerzas espartanas. Los mesenios tenían la ventaja geográfica como ocupantes de la tierra invadida. Podían permanecer a salvo tras las murallas de su ciudad guarnecida hasta que los espartanos se rindieran y se marcharan.

Desgraciadamente, el ejército espartano continuó durante dos años, asaltando partes de Mesenia y llevándose dinero y grano a su base en Anfea. Los mesenios se equivocaron al suponer que los espartanos no estaban en su tierra para quedarse.

Con el tiempo, el pueblo se dio cuenta de que la estrategia defensiva del rey Eufrasio no iba a funcionar. Los espartanos eran implacables en su campaña y se habían apoderado de la mayor parte de la campiña mesenia.

Ser prisioneros en su propia tierra durante años perturbó a los mesenios. Con unos suministros limitados y que se agotaban rápidamente, se dieron cuenta de que no podían esconderse tras las murallas de la ciudad para siempre, sobre todo porque sus tierras de cultivo estaban bajo la autoridad espartana. El rey Eufrasio decidió que había llegado el momento de enfrentarse a los invasores espartanos de una vez por todas.

No cabe duda de que los espartanos eran temibles hombres de guerra, aunque aún no habían alcanzado la cima de su destreza militar. Aun así, las tropas mesenias habían pasado todos esos años afilando sus espadas y sus habilidades para la batalla. De hecho, tenían alguna posibilidad contra los obstinados invasores.

En el año 739 a. C., un ejército de élite mesenio salió de la capital en nombre del rey Eufrasio. Se dirigieron hacia Anfea, ocupada por los espartanos.

A pocos kilómetros de su destino, los mesenios acamparon. Las superiores tácticas bélicas del rey Eufrasio fueron decisivas para el éxito en el ataque de las tropas espartanas, que les tendieron una emboscada mientras cruzaban hacia las montañas de Ítome.

¿Cambiaría esta pequeña victoria el curso de la guerra? El tiempo lo diría.

El rey Eufrasio, avanzado en edad, cedió a Cleonnis el mando de las tropas mesenias. El rey Alcímenes de Esparta moriría por la misma época, y su hijo, Polidoro, ocuparía el trono.

Un día histórico, los mesenios se enfrentaron a los espartanos en las tierras bajas de Tegeto, cerca de Anfea.

Pausanias considera que las estrategias militares y las formaciones de batalla de los espartanos eran más organizadas que las de los mesenios. Los espartanos utilizaban una formación llamada falange, que era una formación rectangular formada por infantería pesada que utilizaba lanzas y otras armas similares y escudos.

Ilustración de una formación tipo falange[6]

Los mesenios cargaron, sin tener en cuenta la formación, pero en su primer intento no pudieron romper las líneas espartanas ni conquistarlas. Ni en el segundo. Ni en el tercero, ni en los muchos intentos posteriores.

Parecía como si los espartanos fueran impenetrables.

Finalmente, los mesenios se retiraron, buscando refugio en la fortaleza natural del monte Ithome. Sabían que estaban perdiendo la guerra, así que acudieron a los dioses en busca de ayuda. Consultaron al venerado Oráculo de Delfos, quien les reveló que una virgen real debía ser sacrificada para asegurar su triunfo sobre el enemigo.

Aristodemo, un héroe de guerra mesenio, se ofreció a sacrificar a su hija virgen. El sacrificio real supuestamente mantuvo a raya a las fuerzas espartanas durante varios años más.

Al oír las palabras del Oráculo de Delfos, los espartanos suspendieron su incursión en Mesenia. Con el tiempo, sin embargo, se cansaron y continuaron. Los espartanos marcharon de nuevo sobre Mesenia y consiguieron matar al rey Eufrasio. Aristodemo fue coronado como nuevo gobernante.

Los espartanos fueron tan despiadados que Aristodemo, abrumado por la vergüenza y la humillación, se quitó la vida junto a la tumba de su hija, y los mesenios vencidos se vieron sumidos en la esclavitud o encontraron la forma de huir.

Segunda guerra Mesenia (684 a. C. - 650 a. C.)

Como ya sabrás, una característica distintiva de las sociedades antiguas era la desigualdad humana. No todos los hombres y mujeres nacían y se mantenían libres. La guerra determinaba el destino de casi todos, desde los nacidos libres hasta los esclavos y la realeza.

Tras la primera guerra mesenia, los mesenios vencidos iban a sufrir una caída de su estatus social bajo el nuevo dominio de los espartanos. Pasarían de ser ciudadanos libres a esclavos.

Algunos testimonios clásicos sugieren que los primeros helotas de la historia fueron los laconios del Peloponeso colonizados por los espartanos, a los que pronto se unieron los mesenios capturados.

Ahora que los mesenios estaban bajo dominio espartano, los helotas mesenios apenas eran mejores que los esclavos. Sin embargo, a diferencia de los esclavos, los helotas no eran propiedad de un individuo. Eran propiedad del Estado y cada helota era asignado a una casa para realizar tareas domésticas, administrativas, económicas y militares. Durante la guerra, los helotas sirvieron a los espartanos como combatientes y remeros en los barcos de guerra.

Sin embargo, aunque los helotas se destacaran en el campo de batalla, era raro que obtuvieran la libertad. En algunas ocasiones, un helota podía comprar su libertad, pero eso no ocurría a menudo. Los helotas eran libres de tener sus propias familias y practicar su religión, pero esto no era suficiente para los mesenios, que anhelaban su libertad.

Como los espartanos estaban muy comprometidos con sus esfuerzos militares, los hombres de Esparta estaban bastante tiempo fuera de casa, demostrando su valía en el campo de batalla en su afán por expandir Esparta. Como consecuencia de ello, hubo menos nacimientos espartanos que de la población helota de Mesenia.

Posteriormente, los espartanos no pudieron ignorar la idea de que cuantos más helotas hubiera, mayores serían las posibilidades de una rebelión.

De forma preventiva, los líderes espartanos elegidos, conocidos como éforos, utilizaron medios brutales para mantener a raya a los helotas, como masacres rutinarias para "recortar" la población. Sus objetivos eran sobre todo los helotas que intentaban desafiar la autoridad espartana.

En el relato histórico del autor griego Mirón de Priene, se describe la difícil situación de los reprimidos helotas mesenios:

> "Asignan a los helotas todas las tareas vergonzosas que conducen a la desgracia. Pues ordenaron que cada uno de ellos debía llevar un gorro de piel de perro y envolverse en

pieles y recibir un número estipulado de palizas cada año, independientemente de cualquier fechoría, para que nunca olvidaran que eran esclavos. Además, si alguno excedía el vigor propio de la condición de esclavo, establecían la pena de muerte, y asignaban un castigo a quienes los controlaban si fallaban".

Durante cuarenta años, los helotas de Mesenia soportaron las penurias del dominio espartano, hasta que un día el mayor temor de Esparta asomó su horrible cabeza.

La batalla de Deres y un héroe mesenio

Los helotas estaban hartos de los malos tratos de los espartanos. Superaban ampliamente en número a sus señores y, según Jenofonte de Atenas, odiaban tanto a sus amos que con gusto se comerían su carne.

El odio y la malicia provocaron disturbios desorganizados y un aumento de los intentos de escapar del cautiverio. Cuando la causa rebelde de los mesenios encontró un defensor en un hombre llamado Aristómenes, se inició una nueva guerra.

Conscientes de que sus temores por fin se habían materializado, los espartanos se movilizaron para sofocar la revuelta de los helotas con la batalla de Deres en 684 a. C. El combate terminó sin un claro vencedor, pero los mesenios habían dado a conocer su desafío al dominio espartano.

Animados por el resultado de su primera batalla, los mesenios ofrecieron la corona a su líder, Aristómenes. Éste era descendiente de la casa real de Aepito, antiguo rey de Mesenia. Al parecer, rechazó la corona pero aceptó el título de comandante en jefe.

Pronto, las noticias de la revuelta mesenia se extendieron a Arcadia y Argos, lo que les permitió aliarse con los pueblos allí reprimidos: todos estaban unidos contra Esparta.

La batalla de la Tumba del Jabalí

Aristómenes tomó el mando de las tropas mesenias. Durante el reinado de los reyes Anaxandro y Anaxidamo de Esparta, Aristómenes atrajo a las tropas espartanas a una emboscada en un lugar llamado la Tumba del Jabalí, que se encontraba en la capital de Mesenia.

El ejército espartano, que contaba con tropas de Corinto y Lépreo, así como mercenarios de Creta, persiguió a los mesenios, pero sólo encontró la derrota en la Tumba del Jabalí.

La leyenda cuenta que la victoria de Aristómenes y sus hombres había sido predicha por un vidente mesenio llamado Teóclito. Para asegurarse la victoria, Aristómenes fue advertido de que no podía pasar más allá de un peral en la llanura donde lucharon contra los espartanos.

La advertencia del oráculo resistió la prueba del tiempo, ya que un ligero incumplimiento estuvo a punto de costar la victoria a los mesenios. En la euforia de su éxito, Aristómenes y sus hombres asaltaron pequeñas partes de Laconia y aterrorizaron a los espartanos en su avance.

Aristómenes luchó sin piedad en el campo de batalla, diezmando sin ayuda al ejército enemigo. Los mesenios lo llamaban el azote de los espartanos.

La batalla de la Gran Fosa

El fuego de la guerra entre los protestantes helotas mesenios y sus amos espartanos, que pretendían someterlos, se mantuvo encendido durante muchos años. Los mesenios, liderados por Aristómenes, fueron implacables en su búsqueda de la libertad, pero su determinación encontró rival en los espartanos, que eran valientes hombres de guerra y maestros de la estrategia.

En la batalla de la Gran Trinchera (también conocida como la batalla del Gran Foso), Mesenia reunió a varios aliados, entre ellos los arcadios, liderados por su astuto rey, Aristócrates.

Sin que los pobres helotas lo supieran, Aristócrates había sido sobornado por los espartanos para que retirara sus tropas en mitad de la batalla. Los mesenios se sorprendieron de la repentina retirada de los arcadios. Más tarde, Aristócrates pagaría con su vida la traición, pero el hecho ya estaba consumado. Los espartanos se aprovecharon de su confusión. Se ensañaron con los desconcertados mesenios, persiguiendo a Aristómenes y sus hombres hasta las montañas.

El monte Eira era un refugio para los mesenios, pero no era su hogar. Aristómenes y lo que quedaba de sus tropas permanecieron en una ciudad de allí, asaltando de vez en cuando pequeñas ciudades bajo dominio espartano. Un día, en los últimos años de la guerra, Aristómenes fue capturado por los espartanos. Iba a ser asesinado como ejemplo para cualquiera que se atreviera a desafiar el dominio de Esparta.

Sin embargo, parece que el destino tenía otros planes. Con la ayuda de una sirvienta mesenia en Esparta, Aristómenes escapó de su cautiverio y regresó a Eira. Fue recibido con gran júbilo, y durante once años, los mesenios, ya fueran hombres, mujeres o niños, se unieron contra Esparta.

Se acercaba el día de la embestida final, y no habría ni retirada ni concesión por parte de Esparta. Invadieron el monte Eira, como habían hecho con el monte Ithome durante la Primera guerra de Mesenia, y una vez más derrotaron a los mesenios.

Antes de esta campaña final, los espartanos pidieron consejo al Oráculo de Delfos y se les dijo que designaran a un general de Atenas. Un compositor marcial y poeta llamado Tirteo fue designado para llevar a las tropas espartanas a la victoria. Les recordó a los espartanos que luchaban por su patria y sus familias y que se trataba esencialmente de una lucha a muerte.

Vigorizados, los espartanos asolaron el monte Eira, y muchos rebeldes mesenios fueron capturados. En cuanto a su campeón, Aristómenes, la leyenda cuenta que fue arrebatado del peligro por los dioses. Al final, Aristómenes encontró refugio en una ciudad de Rodas, Ialisos, donde vivió el resto de sus días.

Al igual que tras la primera guerra mesenia, los intentos de un nuevo levantamiento de los mesenios fueron aplastados. Los mesenios se pusieron de rodillas ante la supremacía espartana y volvieron a asumir su condición de helotas.

Esparta resurgió como el estado griego político y militar más poderoso del Peloponeso. Sin embargo, su poder pronto volvería a ser puesto a prueba por un formidable enemigo.

Capítulo 4 - La Liga del Peloponeso

Bases para su fundación

Una vez doblegados sus rebeldes adversarios, los espartanos del siglo VI se dieron cuenta más que nunca de la importancia de consolidar su poder político y militar. La sublevación de los helotas no era más que un anticipo de los males que le aguardaban a Esparta si no lograba superar el desafío.

Argos y Arcadia, vecinos de Esparta, empezaron a suponer una amenaza considerable para la supremacía espartana. Era un problema que exigía una acción urgente. Además, Esparta necesitaba más tierras y recursos para su creciente ciudad-estado.

Había llegado el momento de invadir Arcadia una vez más.

Heródoto cuenta que antes de su campaña contra Arcadia, el Oráculo de Delfos les había asegurado a los espartanos su victoria sobre muchas partes de la región. Por desgracia, los espartanos habían malinterpretado el mensaje del Oráculo. Tegea, una provincia arcadia, no formaba parte de las regiones de Arcadia de las que había hablado el Oráculo. Ignorante, Esparta marchó sobre Tegea en torno al año 550 a. C., llevando grilletes para atar a los arcadios una vez derrotados. Los condenados arcadios se unirían a los mesenios en tareas de helotage, y la noticia del poderío de Esparta se extendería al resto de sus enemigos en el Peloponeso.

En un giro épico, los guerreros de Esparta sufrieron una aplastante derrota a manos de los arcadios y fueron atados con los mismos grilletes que habían traído consigo. Durante varios siglos, los grilletes de los espartanos estuvieron expuestos en el templo de Atenea en Tegea.

Esta fue una gran lección para Esparta. No toda Arcadia iba a ser conquistada fácilmente. Quizá había llegado el momento de abandonar las viejas formas de ejercer la influencia espartana en la península del Peloponeso y explorar nuevos métodos.

La batalla entre Esparta y Tegea -la batalla de los Grilletes- fue el comienzo de un pacto histórico entre vencedores y vencidos. Tegea no podía arriesgarse a otra campaña contra Esparta, ya que apenas había ganado la batalla de los Grilletes. Además, dado que Esparta era sin duda el gigante emergente de Grecia, era mejor permanecer siempre de su lado para protegerse de la agresiva Argos. Estos sentimientos eran compartidos por los habitantes de Corinto y Elis.

Grecia pronto entraría en una era de división política: por un lado, estaba Esparta, y por el otro, Argos.

La pugna por el dominio del Peloponeso continuó, estallando a veces en pequeñas guerras. Pero una vez que Tegea se unió al bloque espartano, Esparta obtuvo ventaja sobre Argos, al menos según Heródoto.

Esparta vio una rara oportunidad de unificar a sus aliados bajo una confederación. Sería una liga de ciudades-estado como ninguna otra.

La Liga del Peloponeso

¿Amigo o enemigo?

"La liga fue fundada para que Esparta pudiera protegerse tanto de un posible levantamiento de los helotas de Esparta como de Argos, su rival regional".

Estas palabras de Tucídides en su obra titulada *Historia de la Guerra del Peloponeso* resumen las razones de la formación de la Liga del Peloponeso.

De hecho, la formación de la liga confirmó la difícil situación de los helotas mesenios. Sus posibles aliados se aliaban ahora con Esparta, y los argivos no eran mejores que los espartanos; podrían haber sido incluso peores.

Con cada vez más ciudades-estado del lado de Esparta, Argos sabía que sus días como una de las potencias estaban contados.

Cerca del año 519 a. C., el rey Cleómenes I ascendió al trono de Esparta. Su brillante política desplazó definitivamente a Argos, dejando a Esparta como dueña indiscutible del Peloponeso. Los aliados de Esparta -Elis, Corinto, Tegea, Citera, Mantinea, Pilos, Melos, Beocia, Lefkada, Ambracia y Epidauro- se convirtieron en pioneros de la Liga del Peloponeso.

A pesar de haber sido derrotada por los espartanos en la batalla, Argos se negó a formar parte de la Liga del Peloponeso. Esparta no la presionó; lo único que importaba era que los argivos ya no eran una amenaza.

Los historiadores coinciden en la singularidad de la Liga del Peloponeso liderada por los espartanos. No era una "liga" en el sentido real de la palabra, como tampoco era puramente "peloponesa". Colectivamente, los antiguos griegos se referían a la liga como los lacedemonios (espartanos) y sus aliados, infiriendo que la liga se centraba en Esparta.

Esto no estaba lejos de la verdad, teniendo en cuenta que Esparta no estaba obligada a corresponder su lealtad a sus aliados. Por otra parte, los miembros de la liga juraban lealtad a Esparta a cambio de protección. No estaban obligados a pagar tributo, pero tenían la misión de aportar contingentes militares a Esparta en tiempos de guerra. Este ejército podía estar comandado por uno de los dos reyes espartanos o por un general espartano.

Lo más interesante es que esta obligación militar no era estrictamente vinculante para los miembros de alto rango de la liga, como Corinto. De hecho, los corintios gozaban de más libertad que cualquier otro miembro de la Liga del Peloponeso. Esto se debía a sus vastas reservas militares y a su reputación de ciudad-estado rica.

Los espartanos eran conscientes de los recursos de que disponía Corinto, así como de la importancia de mantener cerca a los corintios. Es muy probable que esto explicara por qué Esparta no se percató de que Corinto estaba librando una guerra contra otro miembro de la liga, Mantinea, tal y como señala Tucídides.

A pesar de sus obligaciones políticas y sociales para con Esparta, los miembros de la Liga del Peloponeso podían gestionar los asuntos religiosos sin ninguna interferencia.

Otro rasgo distintivo de la Liga del Peloponeso era su atípico órgano legislativo, aunque las reuniones celebradas entre Esparta y los demás miembros de la liga eran poco frecuentes. Sólo Esparta se reservaba la autoridad para convocar este congreso, y eran los espartanos quienes lo presidían. Los miembros de la liga podían enviar representantes para asistir a él.

Este congreso, conocido como el Congreso de la Liga, tomaba las decisiones basándose en un sistema de votación. Cada estado tenía un voto; sin embargo, los votos no eran el factor decisivo en última instancia, sino la resolución de Esparta.

La historia implica además que, en lugar de ejercer esta autoridad descaradamente y hacer que los votos fueran inútiles, los espartanos influían en algunos miembros de la Liga, normalmente las pequeñas ciudades-estado, para que votaran a su favor en los asuntos. En el improbable caso de que el voto de la mayoría difiriera de lo que Esparta quería, Esparta no estaba obligada a seguir la decisión del congreso.

La Liga del Peloponeso prosperaría, ya que todos sus miembros se mantenían fieles a su juramento de lealtad y fidelidad, pero ¿qué ocurría con Esparta, que no juraba ni lo uno ni lo otro?

El declive de la Liga del Peloponeso (que se remonta al siglo V a. C.) tardaría mucho tiempo en producirse. Esparta era un enemigo amenazador, y separarse de la liga equivalía a declararle la guerra: era un camino que había que recorrer con cautela, si es que había que hacerlo.

La mayoría de los historiadores coinciden en que la Liga del Peloponeso sobrevivió a la guerra del Peloponeso, pero cuando Atenas, que se vio obligada a unirse a la liga ampliada (conocida como la Liga Helénica), empezó a rebelarse contra la hegemonía espartana, el muro de solidaridad se resquebrajó.

La Liga del Peloponeso se enfrentaría a la Liga Délica liderada por Atenas en una serie de guerras denominadas la guerra del Peloponeso.

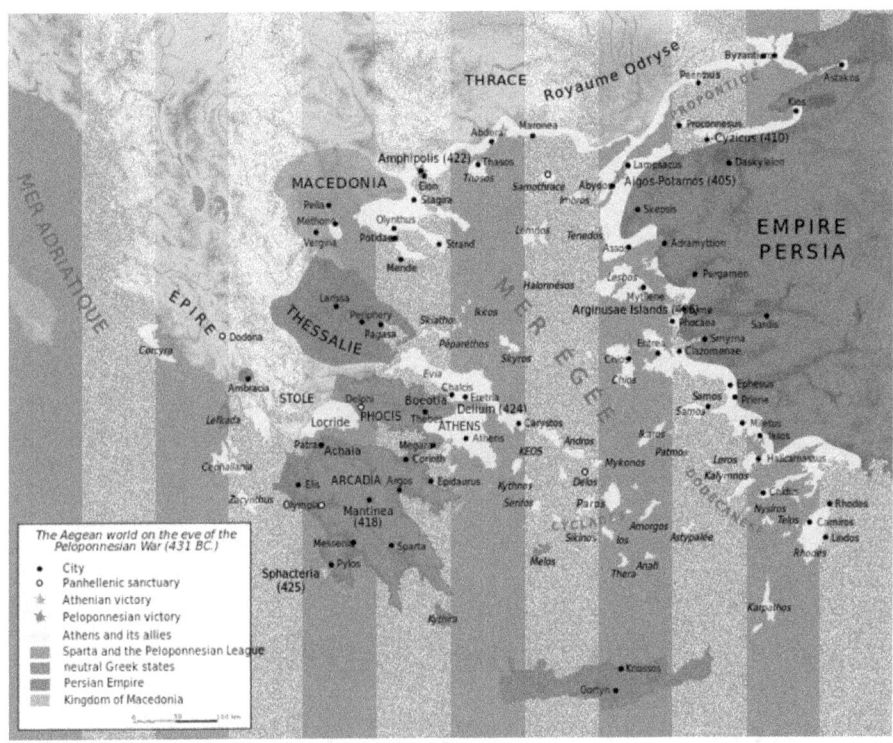

Mapa de la Liga del Peloponeso durante la guerra del Peloponeso[7]

Pero antes de que esto ocurriera, toda Grecia se consumiría en la lucha contra un ejército de extranjeros del antiguo Irán.

Segunda parte:
Esparta y las guerras greco-persas (499 a. C. - 49 a. C.)

Capítulo 5 - La Alianza Helénica

La elección de Esparta

El término "Alianza Helénica" sirve para describir la coalición de ciudades-estado de Grecia contra los invasores persas durante las guerras Greco-Persas, que sacudieron la Grecia del siglo V.

Esta alianza fue efímera, pero demostró que, después de todo, toda Grecia podía unirse por una causa común. Los acontecimientos que condujeron a estos conflictos son intrincados pero increíblemente fascinantes. En el centro de todo estaba Esparta, cuyas acciones e inacciones marcarían para siempre la historia del nuevo siglo.

En el año 500 a. C., la fama y el poderío de Esparta eran indiscutibles. Un diminuto reino laconio fundado por el legendario rey Lélex se había convertido en una feroz ciudad-estado griega a través de guerras, conquistas y diplomacia. Los orgullosos espartanos hablarían bien de su patria a sus hijos, transmitiéndoles su fuerza y dedicación para preservar la buena fortuna de Esparta.

En la historia, la forja de un imperio (o, en este caso, de una ciudad-estado) nunca es gloriosa en sus inicios, ya que hacen falta años de expansión para que una potencia pueda considerarse poderosa. Sin embargo, con la expansión llegan retos adicionales, como mantener contentos a los habitantes de territorios lejanos. No obstante, los espartanos eran un pueblo de guerra y tacto. Consideraban que la Liga del Peloponeso era un arma poderosa que, si se manejaba con precisión, podía mantener a las ciudades-estado de Grecia y de más allá bajo control espartano. Como tal, los conflictos internos eran inevitables, pero ninguno podría superar a Esparta ni desplazarla como superpotencia en el Peloponeso.

Otro accesorio importante para el dominio de Esparta era el conocimiento del pueblo de qué batallas le correspondía librar. A pesar de exigir y recibir la lealtad de sus estados aliados para luchar por Esparta y "heredar" a todos sus enemigos, los espartanos no hacían tal juramento a ninguno de sus aliados a cambio. Esto era una ventaja por ser la ciudad-estado más poderosa del Peloponeso. Esparta sólo iría a la guerra si se alineaba con sus intereses.

El primer gran conflicto en el que Esparta no se involucraría fue la revuelta jónica, que estalló en los albores del siglo V a. C.

La revuelta jónica

Los jonios, al igual que los dorios de Esparta, constituían una importante división étnica en la Grecia clásica. Mientras que los dorios se hicieron con el poder en Esparta y lo extendieron a otras ciudades-estado de la península del Peloponeso, los jonios fueron subyugados por los persas hacia el 540 a. C.

Durante el reinado de Ciro el Grande, las regiones jónicas de Grecia se vieron obligadas a formar parte del Imperio persa (también conocido como Imperio aqueménida). Los persas, un pueblo culturalmente sofisticado, trabajaban en la construcción del mayor imperio del mundo. Tras conquistar Jonia y otras partes de Asia Menor, los persas empezaron a oír hablar de los famosos espartanos y quisieron para sí la creciente ciudad-estado.

Los persas, hambrientos de poder, quizá nunca hubieran encontrado el pretexto perfecto para enfrentarse a los espartanos e invadir su territorio si no fuera por las decisiones de Atenas, el estado hermano de Esparta.

Para contar bien la historia, debemos retroceder un poco en el tiempo. La Edad Media griega que siguió a la invasión doria vio la migración masiva de jonios a algunas ciudades costeras de Caria y Lidia. Estos colonos fundaron doce ciudades jónicas e intentaron vivir sus vidas independientemente del control extranjero.

Estas ciudades-estado pactaron entre sí, pero su independencia no duraría para siempre. En el año 560 a. C., el rey Creso de Lidia invadió y conquistó las ciudades jónicas para extender su poder. Sin embargo, esta victoria le sería arrebatada de las manos por el rey Ciro el Grande en la batalla de Thymbra, ocurrida hacia el año 547 a. C.

Tras la toma de la capital lidia, Sardis, las demás ciudades jónicas fueron cayendo una tras otra, pasando a formar parte del régimen persa. Los persas fueron despiadados e implacables, pero esto se debió principalmente a que no había ningún grupo de élite que se aliara con los persas para ayudarlos a gobernar las ciudades-estado griegas. Los jonios se habían negado a apoyar a Ciro el Grande contra los lidios durante la batalla de Thymbra, y como castigo, sufrirían ser gobernados bajo los términos de Persia.

Los persas nombraron tiranos, uno en cada ciudad jónica, para imponer el dominio persa. Estos tiranos eran jonios, pero sólo eran leales al Imperio persa y odiados por sus parientes por ello.

Uno de estos tiranos provocó la revuelta jónica. Unos treinta años más tarde, durante el reinado de Darío el Grande, un tirano jonio llamado Aristágoras fue puesto al mando de Mileto. Quería afianzar su posición y demostrar su lealtad a Persia, pero le salió el tiro por la culata. Para salvar su pellejo, incitó una revuelta contra las autoridades persas. Heródoto subraya que este acto fue un medio para protegerse de las consecuencias de su fallida campaña, ya que había prometido que ayudaría a expandir el Imperio persa, pero no lo cumplió. Afortunadamente para Aristágoras, los jonios habían guardado rencor contra sus señores persas durante tanto tiempo que no tuvo que hacer mucho para provocar una insurrección.

En un acto de guerra, Aristágoras reunió astutamente a sus parientes, anunció que dimitía como tirano y declaró a Mileto estado democrático independiente. Aristágoras era muy consciente de que Mileto carecía de los recursos militares y financieros necesarios para una batalla contra los persas, pero de todos modos avivó el fuego.

Se cree que la revolución se extendió por todas las ciudades-estado jónicas. Sabiendo que la guerra era inminente, Aristágoras desafió el duro invierno y se embarcó a través del Egeo en busca de ayuda de un digno oponente: Esparta.

Corría el año 499 a. C. y el rey Cleómenes I era un anfitrión muy hospitalario. Recibió a Aristágoras y escuchó su petición. Esparta y sus aliados de la Liga del Peloponeso podían igualar la ira de los persas, pero no era la primera vez que el rey Cleómenes había escuchado tales peticiones de ayuda. Apenas dos décadas antes, el rey Maendrio de Samos, otra ciudad jónica, había acudido a solicitar la ayuda de Esparta para defenderse de los persas.

El rey Cleómenes I sabía que lo que afectaba a Jonia no afectaba a Esparta, al menos no directamente. Y si los persas llegaban al Peloponeso, las ciudades-estado se unirían para combatirlos. Así pues, su respuesta fue la misma que había dado al rey de Samos: No. Esparta no participaría en la revuelta jónica.

Aristágoras sabía que su revuelta estaría condenada al fracaso si volvía a casa sin un aliado poderoso, pero el rey Cleómenes ya había tomado una decisión. Peor aún, su decisión había sido apoyada por los éforos espartanos. Aristágoras no tenía ninguna posibilidad de convencer a los espartanos, así que se dirigió a los atenienses, que ya mantenían una agria relación política con los persas. Aristágoras fue mejor recibido allí, y como su reino, Mileto, se había identificado como un estado democrático (al igual que Atenas), los atenienses se sintieron movidos a apoyar la revuelta.

Los habitantes de Eretria se unieron poco después por dos razones. En primer lugar, hacía tiempo que consideraban que Persia era un obstáculo para el control por parte de Eretria de las rutas comerciales del Egeo. Unir fuerzas con los jonios podría aumentar las posibilidades de éxito de una revuelta, librando a los eritreos de los problemáticos persas de una vez por todas. Otra razón destacada por Heródoto era que Eritrea debía favores de lealtad a Atenas y Mileto porque ambos estados habían ayudado a Eretria en pasadas contiendas bélicas.

Habiendo tenido éxito en su búsqueda, Aristágoras pudo navegar con confianza de vuelta a casa y prepararse para la guerra. Como estaba acordado, Atenas y Eretria estuvieron a la altura de las circunstancias y ofrecieron ayuda naval a la causa jónica. En un gran gesto, Atenas aportó una flota de veinte barcos, mientras que Eretria aportó cinco.

Sin embargo, la guerra contra Persia acabaría en derrota y tendría consecuencias no sólo para Atenas, sino también para toda Grecia. Aún no se sabe si el resultado habría sido diferente si Aristágoras hubiera conseguido el apoyo de Esparta en aquel día de invierno.

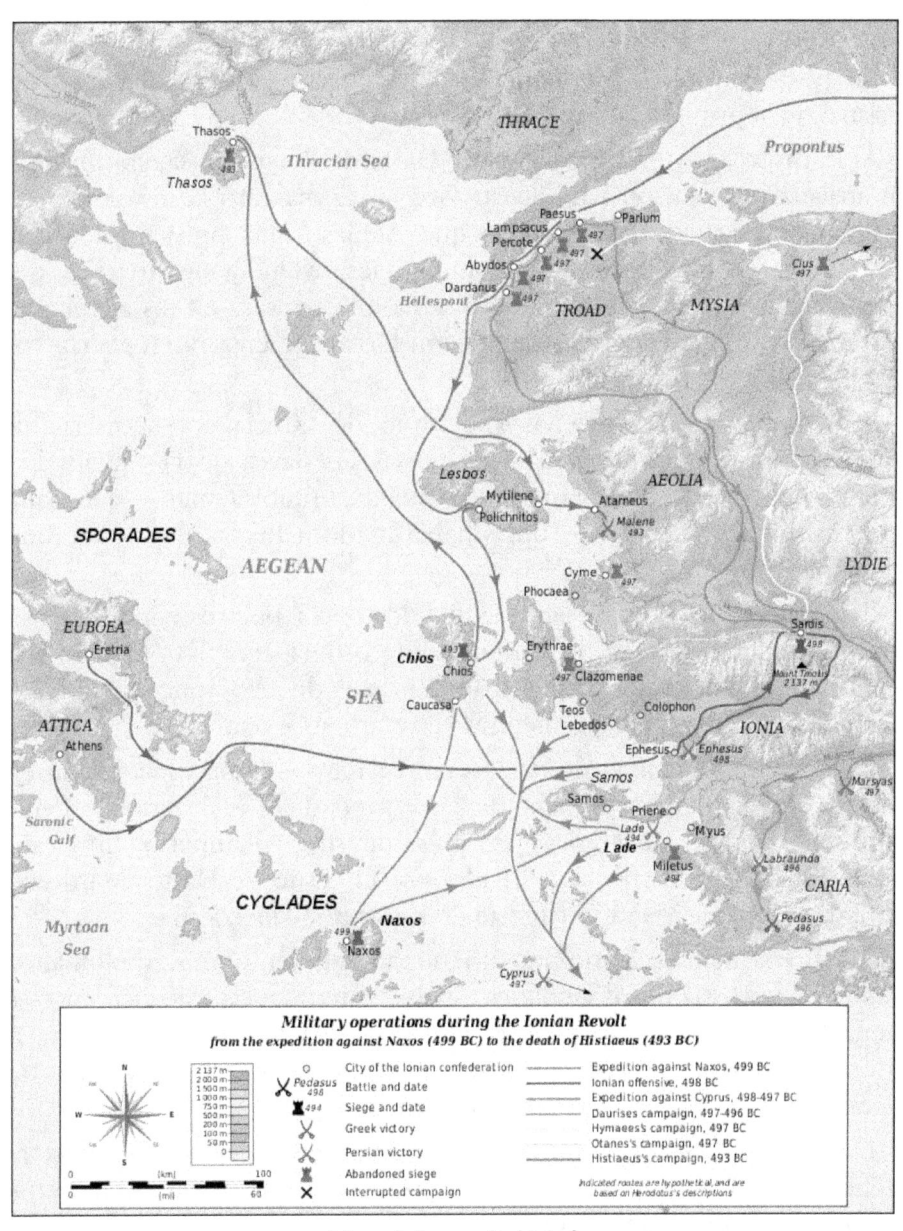

Mapa de la revuelta jónica*

La batalla del Maratón

Seguro que has oído hablar del término "maratón" para describir una carrera de larga distancia, normalmente de más de treinta kilómetros. Pero, ¿conoces su origen?

En pocas palabras, Maratón fue el escenario histórico del combate decisivo de la primera guerra Greco-Persa.

Al fracasar la revuelta jónica, el rey Darío de Persia consiguió por fin la tan ansiada justificación para atacar Grecia. Enmascaró la invasión persa como una venganza por el apoyo que Atenas había prestado a Mileto durante la revuelta jónica. Supuestamente, les ordenó a sus sirvientes que le recordaran cada noche durante la cena que pensara en los atenienses. Esto mantendría encendida su ambición hasta que entrara en guerra con Grecia.

Para tener éxito en Atenas y el resto de Grecia era necesario un portero traidor que entregara a los persas las llaves de la ciudad. Los persas lo encontraron en Hipias, un antiguo tirano ateniense que había sido destronado y exiliado. Hipias había huido a Persia, donde fue bien recibido.

Evidentemente, Hipias seguía sintiendo rencor por sus compatriotas y por los espartanos, que habían invadido Atenas en 510 y lo habían expulsado. ¿Qué mejor manera de vengarse de ellos que dándoles la mano a los invasores persas mientras veían arder Grecia?

La "llave" de la ciudad de Atenas entregada por Hipias fue su consejo sobre la mejor manera de penetrar en la ciudad. El rey Darío de Persia utilizaría las quejas de Hipias para expandir su gran imperio. En el año 492 a. C., las fuerzas persas, dirigidas por el yerno de Darío, Mardonio, volvieron a subyugar Tracia (sureste de Europa) y Macedonia.

Al año siguiente, Darío intentó un acercamiento más diplomático. Aunque la mayoría de las ciudades-estado cedieron a las exigencias persas, Atenas se negó, llegando incluso a matar a los diplomáticos. Mientras tanto, Esparta sufría una crisis interna que acabó con la vida de Cleómenes. Le sucedió Leónidas, su hermanastro.

Darío se dio cuenta de que era el momento perfecto para vengarse de Atenas y Eretria. En su camino, los persas atacaron ciudades-estado que aún no se habían sometido. En 490, Eretria cayó.

Esto condujo a la primera gran batalla de las guerras Greco-Persas, y sería la que pondría fin a esta primera invasión. Los persas navegaron por la costa del Ática y desembarcaron en Maratón, a unas veinticinco millas de la ciudad de Atenas.

Milcíades, un general ateniense, asumió el reto de impedir que los persas llegaran a la ciudad. Había dirigido expediciones contra los persas en el pasado y había aprendido algunos trucos. Sin embargo, los atenienses sabían que sus posibilidades serían mucho mejores si contaban con gente experimentada en el campo de batalla. Sabían que necesitaban a los espartanos.

Milcíades y los suyos tuvieron que enviar un mensaje a Esparta para pedir refuerzos lo antes posible. Sólo podían detener a las tropas persas por poco tiempo, ya que los persas los superaban en número casi dos a uno. Un corredor de fondo llamado Filípides fue enviado a recorrer 240 kilómetros desde Atenas hasta Esparta. Tardaría dos días en hacerlo.

Este acto suscita algunas preguntas en los debates contemporáneos. ¿Por qué sólo enviaron a un hombre? ¿Por qué los atenienses no enviaron un grupo de jinetes? Parece una tontería enviar un solo hombre a pie a Esparta, ¿no?

En primer lugar, ningún caballo en Atenas podría soportar el viaje de dos días a Esparta. Grecia era (y sigue siendo) una de las regiones más montañosas de Europa. Los terrenos no tenían nada para que los caballos se alimentaran, y con una misión tan urgente, los caballos necesitarían esa resistencia extra.

En segundo lugar estaba el problema de la confianza. Enviar a varios mensajeros con un mensaje tan delicado no haría ningún bien a los atenienses, teniendo en cuenta que el soborno y la traición eran habituales en aquella época. Como Milcíades había combatido con los persas en el pasado, sabía que eran capaces de comprar hombres poco fiables.

Los atletas de la antigua Grecia eran conocidos por su dieta única: aceitunas, carne seca, higos y una pequeña planta llamada espino amarillo. Se creía que aumentaban el vigor y la resistencia. Filípides debió de llevarse más de un puñado para su viaje especial.

Durante dos días, corrió hacia Esparta.

Estatua de Filípides en el camino de Maratón[9]

A su llegada a Esparta, a principios del otoño, Filípides encontró a los espartanos disfrutando de una fiesta en honor del dios Apolo Karneios. Era Carneia, una fiesta tradicional del Peloponeso. Los hombres y mujeres espartanos no estaban de humor para la guerra. Además, la ley establecía que Esparta no podía hacer la guerra durante Carneia hasta la siguiente luna llena.

Los espartanos tuvieron que despedir a Filípides con la misma respuesta que dieron a Aristágoras: No. Esparta volvería a adoptar una postura neutral y no participaría en la batalla de Maratón.

Filípides correría de vuelta a Atenas. Luego, correría al campo de batalla de Maratón, donde presenciaría el resultado de la batalla. A continuación, corrió de regreso a Atenas, donde supuestamente murió de agotamiento. Por supuesto, esta historia es cuestionada hoy en día porque tiene una cualidad excesivamente romántica. Pero en cualquier caso, nuestro maratón actual tiene su origen en la distancia que recorrió de Atenas a Maratón.

Los atenienses quedaron desconcertados cuando recibieron la noticia de que Esparta se negaba a unirse a ellos en la batalla. Otros relatos históricos sugieren que no fue una negativa rotunda. En su lugar, los espartanos prometieron que acudirían más tarde, después de sus festividades, lo que significa que no llegarían hasta dentro de diez días. En cualquier caso, parecía que las probabilidades, más que nunca, estaban a favor de los persas.

Un día, los centinelas atenienses vieron una enorme nube de polvo que venía del norte. Los persas venían a destruirlos. Alarmadas, las tropas atenienses se reunieron, armadas y dispuestas a defender su patria hasta la muerte.

Sorprendentemente, los hombres que llegaban no eran persas. Eran tropas de Platea, otra ciudad-estado griega, que habían venido a luchar para proteger a Grecia. Platea había enviado mil hombres, que fueron recibidos con gratitud por los atenienses.

Los plataeos habían acudido cuando más se los necesitaba, y Atenas estaría eternamente en deuda con ellos. Sin embargo, los persas seguían superando en número a los griegos en una proporción de al menos dos a uno. El rey Darío contaba con fuerzas de infantería y caballería tan numerosas que era casi imposible que los griegos pudieran ganar.

Los primeros cinco días de guerra acabaron en tablas. Ni griegos ni persas estaban dispuestos a sacrificar a sus hombres.

Con el tiempo, Milcíades tomó la iniciativa y los griegos lanzaron una despiadada ofensiva contra los desprevenidos persas mientras su caballería estaba lejos del campo de batalla. Esta audaz afrenta aturdió a los persas, y en el tiempo que tardaron en formar filas, los griegos los habían atrapado por ambos flancos.

Los persas, escasamente acorazados, sufrieron una gran embestida y se vieron obligados a retirarse. Miles de persas murieron aquel día, mientras que los griegos sólo perdieron unos doscientos. Esta victoria, a pesar de la no participación de Esparta, fue una señal de que vencer a los persas era una posibilidad.

Los triunfantes griegos se sintieron vigorizados y volvieron a casa para elaborar estrategias. Sabían que los persas volverían y con más furia que la última vez. Se hizo imperativo que los griegos dejaran de lado sus diferencias y se unieran.

La reunión del istmo

Un istmo es una estrecha franja de tierra bordeada por agua a ambos lados; es un accidente geográfico común en Grecia. Había uno cerca de la próspera ciudad de Corinto. El istmo de Corinto fue escenario de un famoso momento de la historia griega, pues el rey Leónidas de Esparta creyó que era el lugar perfecto para un encuentro.

Aquel año, 481 a. C., se avecinaba una segunda invasión persa y los griegos querían asegurarse la victoria.

Desde las puertas de Esparta se enviaron invitaciones a todas las ciudades-estado de Grecia. En primavera debía celebrarse una reunión en el istmo de Corinto para discutir asuntos urgentes.

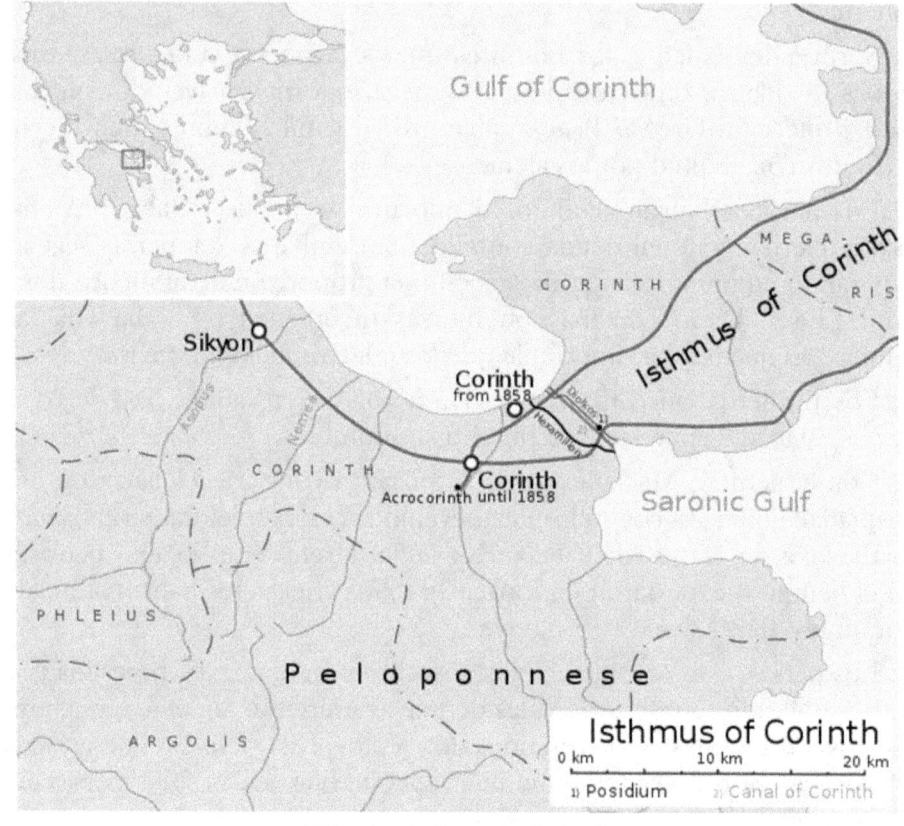

Ubicación del istmo de Corinto[10]

De unas setecientas ciudades-estado griegas, sólo setenta asistieron al congreso presidido por Esparta. El asunto en cuestión era obvio: cómo librar definitivamente a Grecia de los persas.

Se acordó de mutuo acuerdo que Esparta tomaría el mando de las tropas y flotas de Grecia; sin embargo, en una reunión de ciudades-estado tan prominentes, era inevitable que se produjera un juego de poder. Atenas fue la primera en intentarlo. Los atenienses no podían limitarse a dejar el control de todos los ejércitos de Grecia en manos de los espartanos. Querían un reparto equitativo del mando; al fin y al cabo, Atenas era tan famosa como Esparta.

Esto suscitó algunas discusiones durante el congreso, pero posteriormente, Atenas, que estaba representada por un brillante político y estratega de guerra llamado Temístocles, aceptó someterse al mando de Esparta. La decisión de Temístocles, aunque inicialmente criticada por los miembros del consejo ateniense, fue finalmente aceptada. Era necesario en aquel momento. Atenas también aceptó suspender el conflicto por el dominio marítimo que mantenía con su vecina Egina.

El rey Gelón de Siracusa y Gela declaró su apoyo ofreciendo su enorme flota de barcos y miles de hombres a cambio del más alto mando de las tropas griegas. Fue una oferta tan ridícula que algunos relatos históricos griegos dan a entender que se hizo a propósito. Al parecer, el rey Gelón era consciente de que sería rechazado, pero quiso utilizarla para justificar su retirada de la alianza griega y centrarse en los cartagineses que asolaban su país.

Durante el congreso se alcanzaron otros consensos, pero los griegos asistentes no pudieron evitar notar la ausencia de los demás estados, concretamente Tebas. Era necesario que todos se pusieran manos a la obra para lograr el objetivo de un verdadero frente unido contra Persia. Además, siempre existía la posibilidad de que las ciudades-estado ausentes se unieran a los persas. Por ejemplo, Argos acabó aliándose con Persia. Y algunas ciudades-estado, como Creta, se negaron a unirse a la guerra.

Sin embargo, un gran grupo de ciudades-estado se unió. Este grupo fue conocido como la Liga Helénica. Esta liga representaría a Grecia en una legendaria batalla contra los persas.

Capítulo 6 - La batalla de las Termópilas

El antecedente

Las Termópilas ocupan un lugar importante en la historia griega como escenario de una épica batalla contra los persas. Las Termópilas, un paso estrecho y montañoso en la costa oriental de Grecia central, tiene muchos sobrenombres, el más común de los cuales es "las puertas calientes" o "las puertas de fuego". Estos nombres surgieron debido a los manantiales de azufre caliente de las Termópilas.

Existen muchas explicaciones para el "calor" de las aguas de las Termópilas. Algunas tradiciones griegas afirman que se debe a que el paso era uno de los muchos portales al Hades, el averno de la mitología griega. Otra tradición afirma que durante los Trabajos de Heracles (o el romanizado Hércules), Heracles se bañó en las aguas de las Termópilas para limpiarse del veneno de un monstruo serpiente llamado Hidra. Este baño dejó calientes las aguas costeras de las Termópilas.

Las termas de las Termópilas[11]

Aunque ninguno de los dos relatos es lógicamente exacto, ¿qué importa? No le quita importancia a las Termópilas como lugar estratégico y punto más brillante para hacer frente a los persas.

Para recapitular los acontecimientos que ya habían ocurrido, en el año 491 a. C., el rey Darío I de Persia envió emisarios a Grecia para exigir su sumisión a la autoridad persa. Esparta dio un escarmiento a los mensajeros del rey Darío y arrojó a sus enviados a un pozo, donde encontraron la muerte. Atenas respondió de forma similar e hizo ejecutar a los enviados persas. Cualquier ciudad-estado que desafiara a Persia sabía que, en esencia, estaba declarando la guerra.

En el año 490 a. C., los persas asaltaron parte de Grecia y destruyeron Eretria. A esto siguió la batalla de Maratón, en la que Atenas llevó a los griegos a la victoria. Los persas volvieron a casa tras su derrota en Maratón, y el rey Darío tendría que dedicar el resto de su vida (cuatro años) a preparar otra invasión.

No volvería a enfrentarse a Grecia. Más bien, su hijo, Jerjes, subió al trono persa y continuó el legado de su padre de hacer que toda Grecia se inclinara ante la supremacía persa.

Sin embargo, como el rey Jerjes estaba a punto de descubrir, se enfrentaba a un formidable enemigo.

Por mar y por tierra

La guerra estaba a punto de llegar y los griegos nunca habían oído hablar de un ejército tan grande.

Se ha especulado con que el ejército de Jerjes tenía entre cien mil y tres millones de hombres, un testimonio de la inmensidad del Imperio persa. Parece probable que los persas llevaran entre 200.000 y 500.000, lo que no deja de ser una fuerza formidable. Se cree que los griegos sólo contaban con unos 150.000 hombres durante esta segunda invasión persa.

Después de ver cómo su padre sufría la humillación de los orgullosos griegos en Maratón, Jerjes debía de estar decidido a no escatimar hombres ni barcos en su intento de apoderarse de sus tierras. Los persas atacarían Grecia por tierra y mar simultáneamente, y no se detendrían hasta que todas y cada una de las ciudades-estado griegas se convirtieran en vasallos persas. Jerjes esperaba que los griegos, al enterarse del poderío de su ejército, temblaran ante su inminente perdición y se rindieran. De hecho, en el año 481, envió enviados a las ciudades-estado griegas para ver si pagaban tributo; Atenas y Esparta fueron excluidas.

Mientras tanto, en Grecia, se había formado la Liga Helénica y el general ateniense Temístocles había ofrecido un brillante plan de guerra. Los aliados de la Grecia unida se dividirían en dos: la mitad se enfrentaría a los persas en el mar y la otra mitad en tierra.

Temístocles dirigiría la campaña naval, al mando de una flota griega aliada de 271 navíos de guerra contra la armada de 1.200 navíos de Jerjes en el cabo de Artemisio. Esto impediría a los persas pasar las Termópilas por mar.

Al mismo tiempo, los griegos bloquearían el paso de las Termópilas, que era la única forma que tenían los persas de llegar al sur de Grecia (el Peloponeso). El rey Leónidas de Esparta tomó el mando aquí.

Los griegos sabían que los persas tenían ventaja numérica. Sin embargo, Persia estaba llevando la guerra a suelo griego, lo que significaba que los griegos tenían la ventaja geográfica. El terreno griego podía convertirse en un arma contra los persas y sus enormes números, y no había mejor lugar para hacerlo que el paso de las Termópilas.

Los números persas no significarían nada si pudieran ser atraídos al estrecho paso. Sólo un puñado de soldados entraría a la vez, dando a los griegos cierta ventaja.

Los persas avanzaron lentamente desde el norte. Pero había un problema. Los espartanos estaban de nuevo celebrando Carneia, lo que significa que los espartanos no podían luchar. También se estaban celebrando los Juegos Olímpicos, durante los cuales estaba prohibida la actividad militar. Esta prohibición militar se conocía como la tregua olímpica, y estaba pensada para proteger de los ataques a los atletas que viajaban y a los espectadores.

Sin embargo, esta vez, incluso los éforos estaban de acuerdo en que Esparta no podía quedarse de brazos cruzados viendo cómo Jerjes reducía Grecia a ruinas.

En reverencia a la tregua olímpica y a Carneia, el rey Leónidas decidió llevar sólo a trescientos hombres, los mejores soldados de toda Esparta. Por el camino, intentarían reclutar a otros griegos para que se les unieran.

Trescientos hombres contra los cientos de miles de soldados de Jerjes parecen una locura. Era una misión suicida, pero para los espartanos no había mayor gloria que morir en defensa de Grecia.

Además, los trescientos espartanos estaban convencidos de que podrían detener a los persas el tiempo suficiente para que terminaran las fiestas en casa y se les unieran refuerzos. También pensaban que era posible que Jerjes se quedara sin suministros para sus hombres.

En el camino a las Termópilas, a los valientes espartanos se les unieron 6.700 griegos patriotas. Los ánimos de los espartanos se levantaron ante sus crecientes posibilidades de victoria. Juntos, los griegos unidos se dirigieron a las Termópilas. Los errantes persas iban a recibir su merecido.

Una derrota gloriosa

A mediados del año 480 a. C., las tropas de la Grecia unida llegaron al paso de las Termópilas y esperaron a los persas. El rey Leónidas y sus siete mil hombres se fortificaron y acamparon en la "puerta central", la parte más estrecha del paso. Cuando Leónidas se enteró de que había otro camino que rodeaba las Termópilas, envió allí algunas fuerzas, pero mantuvo al grueso de sus hombres en las Termópilas.

Finalmente, en una hermosa mañana de agosto, los griegos vieron a los persas. Algunos griegos argumentaron que debían retirarse y dirigirse al istmo de Corinto. Leónidas rechazó esas ideas.

Jerjes envió un persa a los griegos, pero no era un soldado. Era un emisario con una nota escrita por el propio Jerjes. Su contenido era similar al mensaje del rey Darío a los griegos una década antes: "Entreguen sus armas".

Leónidas y sus hombres listos para la batalla debieron reírse de esto. La legendaria respuesta del rey espartano fue igual de breve: "Vengan y tómenlas".

Heródoto relata que la ira de Jerjes se desató cuatro días después, marcando el inicio de una batalla eterna.

Arqueros e inmortales

El ejército de Jerjes contaba con soldados procedentes de todos los rincones de su imperio, como la India, Egipto, Media, Elam, Libia, Capadocia, Macedonia, Tracia, Etiopía y la Península Arábiga. Esto le permitía el lujo de enviar contingentes de ejército de uno en uno para luchar contra las tropas griegas más pequeñas.

En su primera ofensiva, Jerjes envió un ejército de cinco mil arqueros persas para hacer llover flechas sobre los griegos. Los griegos apenas sufrieron daños, gracias a sus cascos de bronce y sus áspides (grandes escudos de madera recubiertos de bronce).

No habría otro intento de lanzar flechas. En su lugar, Jerjes ordenó un ataque con todas sus fuerzas, enviando oleadas de diez mil hombres para destruir a los griegos.

Leónidas se movió rápidamente para contraatacar, ordenando a sus hombres su formación característica, la legendaria falange griega. Con sus escudos levantados y superpuestos y sus afiladas lanzas sobresaliendo de cada escudo, los griegos lucharon contra las tropas persas, cuyas lanzas y escudos no eran rivales. La estrechez del camino ayudó en gran medida a los griegos, ya que no tenían que comprometer a todos sus hombres a la vez.

Representación de la batalla de las Termópilas realizada en el siglo XIX por John Steeple Davis[13]

Los griegos masacraron a los persas. Jerjes, que observaba desde su elevado trono, temblaba de rabia. Se supone que se levantó tres veces debido a su indignación.

Ese mismo día, el agraviado rey de Persia liberó a su unidad de infantería de élite, que también hacía las veces de guardaespaldas imperial del rey: los Inmortales. Los Inmortales eran temidos en todo el mundo conocido por ser feroces hombres de batalla, y siempre eran diez mil. Cualquier soldado Inmortal muerto, enfermo o herido debía ser reemplazado inmediatamente para preservar la fuerza de la infantería, lo que explica el nombre de "inmortales".

Los Inmortales eran hábiles en el combate cuerpo a cuerpo, el tiro con arco y el uso de sus lanzas. Cada Inmortal había sido arrebatado a sus padres a la edad de cinco años y construido con un único propósito: destruir a los enemigos de Persia en la batalla.

Los griegos debieron estremecerse al ver avanzar a los Inmortales. Y después de una acalorada batalla, los griegos se retiraron. Los Inmortales los persiguieron más allá del paso; sabían que ningún griego se salvaría.

La victoria de Jerjes estaba por fin al alcance de la mano, y disfrutó de la euforia de ver caer a Leónidas, hasta que todo se desvaneció en el olvido. Desde el principio, la retirada de los griegos había sido una farsa; sólo era un intento de atraer a los inmortales a su perdición, y habían caído en la trampa.

Para disgusto de Jerjes, los Inmortales no pudieron doblegar a los griegos. Al final del día, las líneas griegas se mantuvieron firmes.

Lograrlo o morir

Al amanecer del día siguiente, los soldados persas se despertaron con un decreto del rey Jerjes el Grande. Cualquier soldado persa que se atreviera a retirarse sufriría la pena de una muerte dolorosa y vergonzosa.

Jerjes procedió rápidamente a enviar una nueva oleada de ataques. Supuso que, dado que los griegos habían pasado el día anterior defendiéndose de sus interminables tropas, estarían heridos y/o demasiado cansados para soportar otra ronda de batalla.

Pero estaba equivocado. Muy equivocado.

Cuando la siguiente oleada de infantería persa se abalanzó sobre ellos, los griegos se mantuvieron preparados. Cuanto más luchaban, más fuertes e invencibles parecían volverse. En parte, esto se debía al hecho de que los griegos en el frente se intercambiaban con regularidad, lo que permitía a los hombres cansados descansar antes de saltar de nuevo a la batalla.

Jerjes volvería a ser testigo del valor de los hombres de Grecia. La realidad debió golpearlo. El paso de las Termópilas era la fortaleza de los griegos. Mientras permanecieran allí, el tamaño de su ejército no contaría para nada.

Sin embargo, no había vuelta atrás. ¿Quién iba a creer que el gran rey de Persia se había acobardado ante los hombres griegos de menor número?

El segundo día no terminó muy distinto del primero. Los persas dieron la retirada y Jerjes se retiró a su campamento, consumido por una ira desesperada. Los griegos lloraron a sus pocos muertos y celebraron la victoria de otro día.

Aquella noche, el aire apestaba a la sangre de los miles de persas que habían caído. Pero también olía a algo más.

El olor de la traición

El rey Jerjes no podía dormir. ¿Cómo podía cerrar los ojos cuando los griegos diezmaban sus tropas lenta pero inexorablemente? ¿Qué clase de hombres eran los griegos? Cada aliento que Leónidas de Esparta y sus hombres seguían respirando era una indignidad para la grandeza de Jerjes, y él no lo permitiría.

Más tarde, en el segundo día, el bálsamo para el orgullo herido de Jerjes entró en su campamento. Era un hombre griego de Traquis.

Su nombre era Efialtes, y era un pastor local. Pidió ser llevado ante el rey de Persia, ya que tenía información importante que podría asegurar la victoria de los persas.

Jerjes le concedió una audiencia inmediata, y Efialtes expresó su deseo de recibir una gran recompensa a cambio de esta información vital. Jerjes era uno de los reyes más ricos del mundo y le prometió al griego todas las riquezas que pudiera soñar.

Efialtes le reveló que había un pequeño sendero de montaña que rodeaba el paso de las Termópilas llamado el Sendero de Anopaia. Si los persas tomaban esta ruta, podrían situarse detrás de la línea defensiva de Leónidas y sus hombres y atacar por la retaguardia.

Jerjes se alegró por esta noticia y envió un contingente esa misma tarde, que estaba dirigido por uno de sus mejores comandantes, Hidarnes el Joven.

El rey Leónidas lo había previsto; éste era el camino que había enviado a vigilar antes de que comenzara la batalla. Los focianos lo custodiaban, y sólo eran unos mil. En la mañana del tercer día, los persas se toparon con los focianos, que huyeron a una colina cercana para defenderse. Sin embargo, los persas tenían un único objetivo y no iban a dejarse distraer por los focianos. Lanzaron una andanada de flechas y continuaron su camino.

Cuando Leónidas recibió la noticia de que Grecia se había vendido y que los persas avanzaban rápidamente, convocó un consejo. Tal y como estaban las cosas, su línea defensiva había quedado inutilizada y la derrota era inevitable.

Por su traición, el nombre de Efialtes se convertiría en sinónimo de traición. Llegó a significar "pesadilla".

La última batalla

Leónidas de Esparta es una monumental figura de la historia griega, y ello se debe a su despliegue de valor y abnegación por su patria. Había abandonado su reino, a su reina Gorgo y al hijo de ambos, sabiendo que le esperaba una gloriosa victoria en la batalla, eso o una gloriosa muerte.

Tras pequeñas victorias contra el enemigo, las acciones de un solo hombre habían cambiado repentinamente la suerte de los griegos. Sin embargo, Leónidas había jurado proteger a Grecia de la destrucción. Si ordenaba a todos sus hombres que se retiraran, Grecia ardería con toda seguridad. Por otro lado, si les ordenaba a todos los soldados griegos que se levantaran y lucharan, los persas los rodearían y los matarían a todos.

Leónidas no tenía tiempo para vacilar en su decisión. Tenía que decidir qué sería lo mejor para Grecia y sus hombres. Por eso convocó el consejo.

Existen dos versiones históricas de los acontecimientos que siguieron. La primera versión cuenta cómo muchos de los aliados griegos entraron en pánico y huyeron, dejando atrás a Leónidas y al general tespio Demófilo con sus hombres para enfrentarse a los persas. Otra versión explica que fue Leónidas quien dio la orden a la mayoría de las tropas griegas de regresar a sus hogares. No se juzgaría a los que se fueran, pero los que se quedaran lucharían hasta la muerte para detener a los persas.

Pasara lo que pasara, el rey Leónidas y sus trescientos hombres se mantuvieron firmes. También había novecientos helotas, setecientos tespios y cuatrocientos tebanos (se cree que la mayoría de los tebanos se rindieron a los persas en algún momento de la batalla). Heródoto describió célebremente que los griegos desplegaron "las mejores fuerzas que tenían contra los bárbaros, luchando temeraria y desesperadamente".

Leónidas tomó a estos hombres y se dirigió a enfrentarse a los persas en la batalla, esta vez en una parte más amplia del paso. En la intensidad de la batalla, el rey Leónidas cayó muerto.

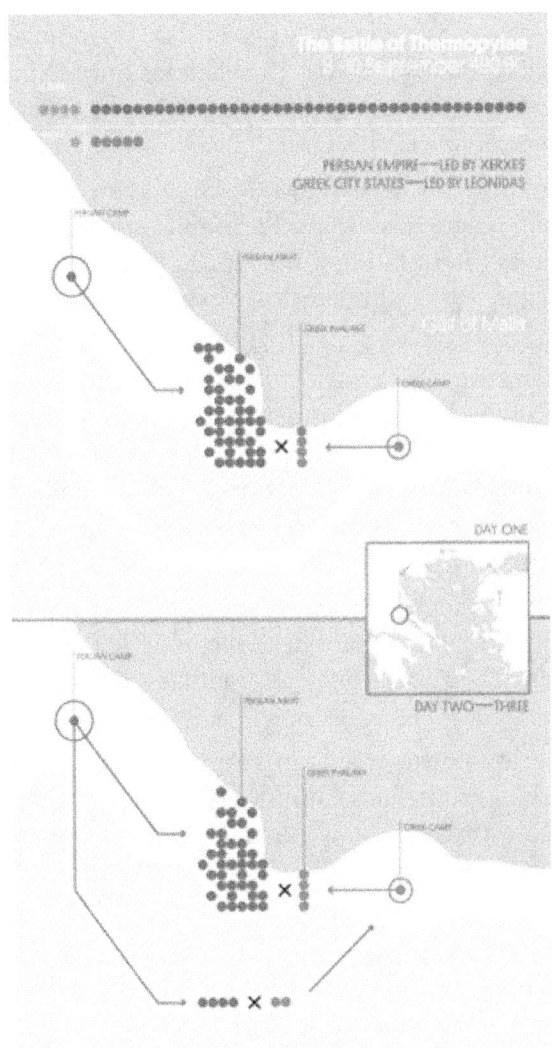

Desarrollo de la batalla[18]

Una bella muerte

Los persas se agolpaban en número, acercándose a los cansados espartanos por todos lados para apoderarse del cadáver de Leónidas. Los griegos pudieron retener el cuerpo. Los griegos que quedaban huyeron a una colina cercana, pero allí no estaban a salvo. Los persas rodearon la colina y dispararon flechas a los griegos hasta que todos cayeron muertos.

Los persas se apoderaron del cuerpo de Leónidas y Jerjes, vengativo, ordenó que lo decapitaran y lo clavaran en una estaca. Su cadáver no volvería a Grecia durante cuarenta años.

Según Heródoto, la victoria de Jerjes en las Termópilas había costado más de veinte mil soldados. Lo más probable es que los griegos perdieran unos dos mil de sus siete mil hombres originales, la mayoría de los cuales murieron en el último día de batalla.

Para ellos, una muerte en defensa de Grecia era el mayor honor. Por eso, la derrota de los griegos en las Termópilas puede considerarse en la historia como una conquista en sí misma. El sacrificio de Leónidas y de los valientes griegos, especialmente los espartanos, sería relatado durante generaciones.

Las noticias llegaron a Artemisio y los griegos lamentaron la pérdida de sus hermanos. Con las Termópilas destruidas, no tenía sentido bloquear a los persas en Artemisio. Además, aunque los griegos habían resistido en Artemisio, los números no estaban de su lado. Temístocles ordenó la retirada de la armada griega a Salamina, donde la fortuna aguardaba a los griegos.

Ebrio de su victoria, Jerjes se encargó de destruir Tespias, Platea y Atenas. En su relato, Heródoto describe que los persas saquearon el templo de Atenea, profanaron las estatuas sagradas y arrasaron la Acrópolis.

Antes de que los persas asaltaran Atenas, muchos atenienses habían sido evacuados de la ciudad a Salamina con la ayuda de Temístocles y sus hombres. Otros escaparon por poco, pero no por mucho tiempo. Finalmente, fueron capturados y condenados a muerte o, peor aún, encadenados.

Afortunadamente, los griegos pudieron guarnecer el istmo de Corinto, cuna de la Liga Helénica y puerta de entrada al resto del Peloponeso. Con esto, los persas no pudieron avanzar más.

Sin que Jerjes lo supiera, la batalla de las Termópilas no fue el acontecimiento definitorio de las guerras Greco-Persas. Sólo el tiempo diría que la victoria podría ser tan fugaz como la derrota.

Capítulo 7 - La batalla de Platea

Mardonio de Persia

Tras las Termópilas, la Liga Helénica se desintegró. Los aliados griegos de Ática, Beocia, Fócida y Eubea fueron conquistados y obligados a desertar al lado persa. Se enfrentarían a sus compatriotas griegos, liderados por Temístocles, en un épico conflicto naval llamado la batalla de Salamina.

En contra de los pedidos de Artemesia, la reina de Halicarnaso, para que las tropas persas se retiraran, Jerjes siguió el consejo de su general de confianza Mardonio de perseguir a los griegos hasta Salamina. Esto se debió en parte a que el consejo de este último era más atractivo para las ambiciones de Jerjes y en parte a que el general Mardonio de Persia no era un hombre corriente. Su padre, Gobryas, había sido un destacado noble en la corte del rey Darío. Como su padre había servido al rey Darío, Mardonio sirvió al rey Jerjes.

Mardonio había liderado la expedición contra Grecia en el campo de batalla como comandante, y Jerjes lo tenía en alta estima como su consejero, general y cuñado. Juntos habían arrasado una Atenas desierta.

Mardonio también era consciente de que nada le importaba más al rey de Persia que el ateniense Temístocles corriera la misma suerte que Leónidas.

En Salamina, sin embargo, el rey Jerjes y sus aliados sufrieron una aplastante derrota a pesar de contar con tres veces más barcos de guerra que los griegos. Resultó que las geniales estrategias de guerra de

Temístocles eran superiores a la amenazadora armada persa.

Jerjes había visto suficiente, y regresó a Asia con la mayoría de sus hombres. Al parecer, le preocupaba que los griegos avanzaran hacia el norte, hacia el Helesponto, donde había erigido puentes de pontones que habían ayudado a su gran ejército a desplazarse de Asia a Europa. Si los griegos destruían esos puentes, sus tropas quedarían atrapadas en Europa y diezmadas por la guerra o el hambre.

Dado que Mardonio había impulsado la batalla de Salamina en primer lugar, Jerjes lo puso a cargo de completar la campaña contra Grecia. También, en calidad de sátrapa (gobernador), se le había encomendado administrar los estados griegos conquistados por los persas.

Mardonio, un hombre descrito por Heródoto como "travieso", tenía en sus manos el poder, la riqueza y, sobre todo, el orgullo de Persia. La batalla de Platea decidiría qué ocurriría con todo ello.

Pausanias de Esparta

La muerte del rey Leónidas dejó un vacío en uno de los tronos de Esparta: uno que el hijo de Leónidas, Pleistarco, era demasiado joven para llenar. La reina Gorgo sabía que tendría que conservar el trono mediante una regencia hasta que su hijo alcanzara la mayoría de edad. Gorgo, que tenía fama de ejercer influencia en las altas esferas de Esparta, trató de seleccionar a un hombre al que pudiera encomendarle la regencia.

El sobrino del rey Leónidas, Pausanias, fue elegido para el cargo (no, no es el mismo Pausanias que documentó la primera guerra Mesenia). Pausanias asumió el cargo durante una de las épocas más caóticas de los anales de Esparta. En el año 479 a. C., los obstinados persas seguían en suelo griego y pretendían conquistarlo para Jerjes.

Como espartano y descendiente de los Agíades, no cabía duda de que Pausanias era un gran hombre en el campo de batalla. Demostraría su temple contra Mardonio y conduciría a Grecia a otra victoria.

Pero primero, tenía que reparar la Liga Helénica.

Gran parte de Grecia se había convertido en vasalla de Persia, pero con el rey Jerjes y la mayoría de sus tropas ausentes, Mardonio sólo podía controlar un número limitado de estados. Por ejemplo, el pueblo de Atenas había recuperado su ciudad cuando Mardonio se retiró a Tesalia para pasar el invierno.

Pausanias se aprovechó de ello y se esforzó por reunir al mayor número posible de ciudades-estado griegas para expulsar a los extranjeros que habían abusado de su hospitalidad.

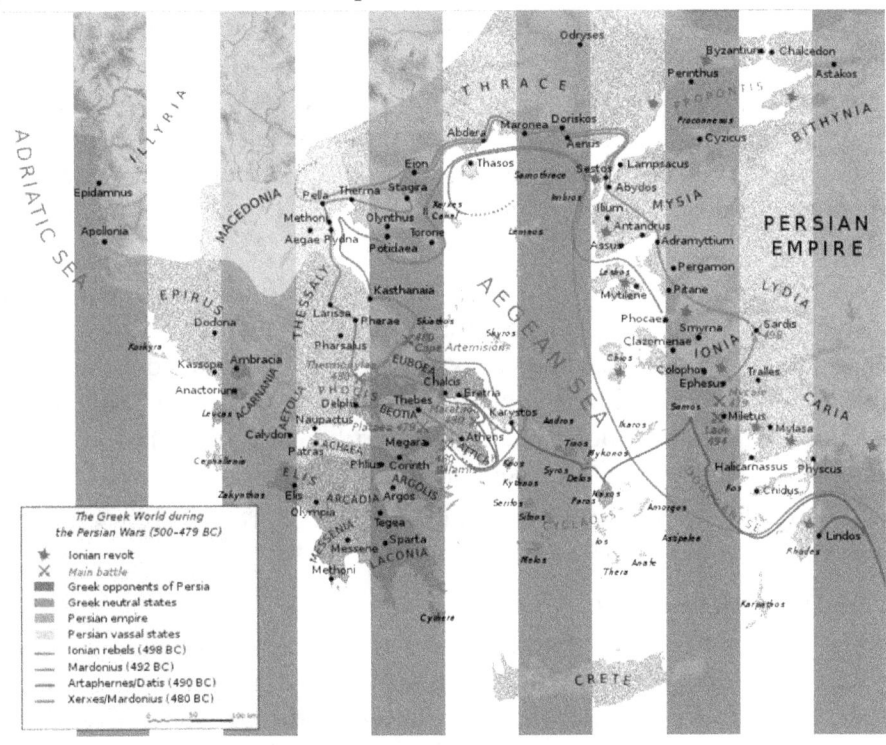

El mundo griego durante las guerras persas[14]

Guerra de Platea

Las tensiones internas

Los atenienses se dedicaron a reconstruir su ciudad, pero se mantuvieron alerta. Mardonio y sus tropas podrían volver algún día y obligarlos a revivir el horror de ver arder su amada ciudad.

Atenas les había pedido ayuda a los demás aliados helenos para combatir a los persas de una vez por todas, pero ninguno de ellos respondió, a pesar de saber que Atenas era la más vulnerable a otro ataque persa.

Al igual que los persas, la Grecia "unida" permaneció estancada durante el resto del invierno. Con la primavera surgió cierta actividad. Atenas recibió a un invitado especial, el rey Alejandro I de Macedonia, que era vasallo persa. Alejandro había sido enviado por Mardonio con una interesante oferta para los atenienses. En efecto, el general persa se había enterado de cómo los atenienses estaban siendo desatendidos por sus compatriotas griegos y pretendía aprovecharse de ello.

Mardonio, a través de su mensajero, les ofreció a los atenienses una mano de amistad a cambio de convertirse en vasallos de Persia. Por tentadora que pareciera la súplica, un experimentado estadista ateniense como Arístides el Justo no se dejaría engañar. Apoyado por una delegación de Esparta, la respuesta de Arístides fue meridianamente clara: "Mientras el sol mantenga su curso actual, nunca llegaremos a un acuerdo con Jerjes".

Mardonio se sintió muy ofendido por el rechazo de los atenienses a su diplomacia, y sólo le quedaba otra opción: la guerra. Así, los persas volvieron a sitiar Atenas, que nuevamente fue evacuada de antemano. Heródoto señala que Mardonio causó más estragos que la primera vez, diciendo: "Mardonio quemó Atenas, y derribó y demolió por completo cualquier muralla o casa que quedara en pie".

Luego del enfrentamiento de Platea, Temístocles dirigiría los esfuerzos de reconstrucción.

El llamado a la acción

Los atenienses estaban hartos de la agresión persa y de la indiferencia de sus supuestos aliados. A pesar del pacto alcanzado en la reunión del istmo de Corinto, Atenas había sido ignorada en su momento de necesidad y abandonada a merced de los despiadados persas.

Durante la segunda destrucción de Atenas, muchos ciudadanos huyeron a Salamina. Mardonio sabía dónde encontrarlos, pero en lugar de atacar, envió un mensaje a los atenienses supervivientes, tendiéndoles una mano de amistad.

Los atenienses estaban desesperados. ¿De qué servían sus aliados griegos si no acudían en su ayuda? Les parecía que todos sus esfuerzos por alertar a sus aliados del peligro que corrían habían sido en vano.

Tal vez una amenaza sería suficiente.

Los atenienses enviaron una delegación, a la que se unieron hombres de Platea y Megara, a Esparta. Si las fuerzas aliadas griegas permanecían impasibles ante su difícil situación, Atenas se aliaría con Persia.

Quienquiera que pensara en esta idea como medio para sacar a los demás griegos de su despreocupación, estaba en lo cierto. En cuestión de semanas, Pausanias de Esparta se puso a la altura de las circunstancias y dirigió una tropa de élite de cinco mil espartanos hacia los persas. En total, sin embargo, se cree que toda la fuerza espartana contaba con unos cuarenta y cinco mil soldados, entre los que había helotas y hoplitas de otras partes de la península.

De vuelta en la Atenas demolida, Mardonio se enteró de que los espartanos estaban moviendo sus fichas. Acabó rápidamente con lo que quedaba de Atenas y se dirigió a Tebas, uno de los estados griegos pro-persas bajo su gobierno. Desde allí se dirigió a Platea, donde construyó una enorme base militar. Como Pausanias y sus tropas avanzaban hacia ellos, Mardonio pensó que podría atraer a los griegos cerca de la base persa, donde tendrían ventaja.

Pausanias se acercaba, y cada día, más hombres se unían a las fuerzas aliadas griegas. Arístides se unió con sus ocho mil hombres, y el creciente ejército griego marchó hacia las llanuras de Platea. Otros aliados griegos, como Corinto y Mégara, entre otros, se unieron a espartanos y atenienses en la batalla de Platea.

En conjunto, se cree que había unos ochenta mil griegos. Era el mayor ejército que los griegos habían reunido desde el inicio de las guerras Greco-Persas. Sin embargo, el gran ejército persa los superaba en número. Se cree que tenían alrededor de 100.000 hombres.

El juego de la espera

En una época dominada por frecuentes guerras y escaramuzas, resultaba irónico que ambos bandos quisieran el mínimo derramamiento de sangre. El plan de Mardonio para atraer a los griegos a su territorio no dio los resultados deseados. Los griegos establecieron su campamento a pocas millas de donde él quería y en un terreno que favorecía las técnicas de batalla griegas.

Era de esperar, teniendo en cuenta que los griegos siempre habían hecho gala de una superioridad estratégica. Aun así, el ejército griego estaba en inferioridad numérica y, a diferencia de los persas, los griegos no tenían caballería. Una ofensiva les costaría la vida de más hombres de los que podían permitirse perder.

Mardonio y sus hombres compartían sentimientos similares. Durante las últimas décadas de guerra, habían sido testigos de primera mano de la excelencia de la defensa griega. La batalla de las Termópilas había sido una lección para no atacar nunca a los griegos cuando el terreno los favoreciera.

Por lo tanto, se produjo un juego de espera.

Los persas no salían de su territorio para atacar a los griegos y viceversa. Algunos historiadores creen que otra razón de la reticencia de Mardonio era que, en el fondo, lo único que deseaba era que la alianza griega se rompiera. Las grietas ya estaban ahí, y sólo era cuestión de tiempo que surgiera otro conflicto interno. Entonces, podría conseguir que una poderosa ciudad-estado griega como Atenas se pusiera del lado persa, y el resto de Grecia caería de una vez por todas.

Los griegos, por su parte, contaban con que los persas los hostigarían primero. En anteriores enfrentamientos militares, los persas solían tomar la ofensiva. Esta vez, sin embargo, Mardonio y sus hombres parecían estar esperando algo.

Según algunos relatos históricos, Mardonio envió a su caballería a atacar a los griegos cuando llegaron, pero los arqueros atenienses los abatieron. Tras infligir algunas bajas a las fuerzas griegas, Mardonio perdió al líder de la caballería, Masistio. Los griegos avanzaron gracias a su victoria.

Pero ambos bandos seguían negándose a avanzar sobre el otro. Pasó una semana entera sin que el campamento persa dijera ni pío, hasta que un día los hombres de Mardonio abrieron una brecha en el flanco derecho del campamento griego y capturaron sus suministros. Parece que la gran estrategia de Mardonio consistía en cortar las líneas de suministro griegas y obligarlas a salir de su posición.

Esta asfixia dio resultados en pocos días; los griegos finalmente hicieron un movimiento, que consistió en retirarse a una mejor posición cerca de Platea.

La persecución salvaje

Mardonio se despertó con la noticia de la retirada griega. Ahora podía perseguir a los griegos y poner fin a la guerra.

Los griegos habían planeado retirarse antes del amanecer, pero por la mañana, los atenienses, espartanos y tegeos aún no habían partido, ya que estaban protegiendo la retaguardia de la retirada. Cuando fueron enviados a unirse al resto de las fuerzas que se retiraban, no siguieron las instrucciones lo suficiente y se separaron. Los atenienses fueron atacados por tropas de Tebas, una de las ciudades-estado griegas pro-persas. Los espartanos y los tegeos, que se habían adentrado en las colinas de Platea, se dieron cuenta de que no podían dejar atrás a la caballería liderada por Mardonio.

Los persas alcanzaron a espartanos y tegeos cerca del templo de Deméter y comenzó la batalla.

Pausanias había ofrecido sacrificios y plegarias a los dioses por una victoria griega, pero a los pocos minutos de la batalla, los persas los estaban destruyendo. De forma característica, los persas lanzaron miles de flechas sobre sus enemigos.

Como los números no estaban a su favor, los griegos supieron confiar en la superioridad de sus armas y en la legendaria formación de falange. Tras formar un muro de escudos para protegerse de las furiosas flechas persas, los griegos cruzaron rápidamente un pequeño río, con los persas pisándoles los talones.

La batalla empezó a torcerse lentamente. Los griegos retrocedían y avanzaban lenta pero inexorablemente. Los espartanos se acercaban.

Mardonio montaba su caballo blanco, rodeado de mil guardaespaldas, haciendo todo lo posible por gritar órdenes. Instó a los cansados persas a seguir luchando y les levantó la moral, cada vez más baja.

Plutarco cuenta que un soldado espartano llamado Arimnestus agarró una piedra pesada. La arrojó contra Mardonio, quien cayó del caballo y murió.

El ejército persa se dio cuenta de que su campeón había caído y huyó del campo. A los griegos les tocó perseguirlos y no se detuvieron hasta haber matado a todos los persas que atraparon, incluido el grupo de seguridad de Mardonio.

En la batalla entre atenienses y tebanos, los atenienses vencieron pero no pudieron perseguir a sus enemigos. Esto se debió a que tenían que alcanzar a los espartanos y tegeos.

Con Mardonio y su ejército fuera del camino, los griegos se unieron a las fuerzas aliadas restantes y asaltaron el campamento persa. Los persas que quedaron en el campamento opusieron una débil resistencia al ejército griego. Se cree que los griegos mataron a casi todos los soldados persas del campamento. Supuestamente, sólo a unos pocos miles de persas se les permitió vivir. Esto se hizo probablemente para que los hombres pudieran contar las historias de la ira de los griegos en la batalla y para mostrarle a Jerjes que sus planes de conquistar Grecia nunca verían la luz del día.

Retribución

Cuando las guerras a gran escala, como la segunda guerra Greco-Persa, llegan a su fin, el bando vencedor suele tomar medidas para asegurarse de que el vencido no pueda volver a hacerle la guerra. Esto explica por qué los griegos no se dejaron llevar por las celebraciones tras asaltar la base militar persa. Aún quedaba mucho por hacer para librar su suelo de los "bárbaros".

El mismo día de la batalla de Platea (al menos según Heródoto), el rey espartano Leótides había navegado hasta Samos. Allí, los barcos persas vararon debido al mal estado de sus naves.

Los griegos se encontraron con una fuerza de unos sesenta mil soldados persas que habían sido destinados a vigilar la zona, pero su número no contó para nada cuando los griegos atacaron. Aquella tarde, los persas fueron aniquilados y sus barcos quedaron reducidos a cenizas.

La campaña del rey Jerjes había terminado. Los persas habían perdido la batalla en tierra y mar.

Artabazo, el general persa ahora al mando, huyó rápidamente a Asia Menor por tierra, ya que sus barcos habían sido quemados. Perdió muchos hombres, pero consiguió llegar a un lugar seguro en Bizancio.

Ahora que los persas se habían ido, al menos en su mayor parte, el ejército aliado griego se volvió contra Tebas, la ciudad-estado griega que había elegido el bando de Persia. Pasarían tres décadas más hasta que las guerras Greco-Persas finalmente llegaran a su fin. Pero esta vez, los griegos estarían a la ofensiva.

Tercera parte:
Esparta en los asuntos griegos
(460 a. C. - 222 a. C.)

Capítulo 8 - La guerra del Peloponeso: La primera fase

Tras la derrota de los persas en las batallas de Platea y Mícala, los aliados griegos navegaron hasta Sestos y Bizancio para liberar a las ciudades griegas jónicas de la dominación persa.

En el año 478, surgieron acusaciones contra Pausanias después de que supuestamente liberara a algunos prisioneros de guerra para ganarse el favor de Jerjes. Pausanias refutó estas acusaciones, afirmando que no había tenido nada que ver con la forma en que los prisioneros habían escapado de su cautiverio, pero los atenienses y otros aliados de Grecia no le creyeron. Los rumores sobre la nueva alianza de Pausanias con los persas se extendieron como la pólvora, y sólo se sofocaron cuando Pausanias fue retirado del mando griego.

Poco después de su destitución, quedó claro que los espartanos no querían continuar la lucha. Estaban más preocupados por el creciente poder de Atenas.

Así que, ahora que los griegos se habían quitado de encima a los persas, ¿permanecerían unidos o retomarían sus conflictos tribales desde donde los habían dejado?

La Liga de Delos

Aparte de Temístocles, hubo otro comandante ateniense que había desempeñado un destacado papel en las guerras Greco-Persas, especialmente en la batalla de Mícala. Se llamaba Xanthippus, y un día se enteró de una noticia trascendental.

El rey Leotíquidas de Esparta había tenido una idea para liberar de una vez por todas a las ciudades-estado jónicas que quedaban bajo las garras del Imperio persa. Debían emigrar a Europa.

Según Leotíquidas, si los griegos jónicos de Asia Menor emigraban a Europa, estarían más seguros y protegidos. Entonces, las ciudades-estado griegas aliadas podrían volver a gestionar sus asuntos internos soberanamente, tal y como habían hecho antes.

Pero Xanthippus consideraba esta idea absurda. Las ciudades-estado jónicas habían estado bajo dominio ateniense, y aceptar una medida como ésta podría significar que cayeran bajo el control de Esparta. Su trabajo era proteger a los jonios. Así que, en nombre de Atenas y de algunos aliados griegos, Xanthippus rechazó la propuesta del rey espartano.

Con la conquista de Bizancio completada, parecía que Esparta no seguiría adelante con la campaña contra Persia. Atenas se apresuró a asumir el papel de líder.

Sin que los espartanos lo supieran, su retirada les costaría la lealtad de algunos miembros de la Liga Helénica. Se convocó un congreso urgente en la isla sagrada de Delos, donde se creía que habían nacido el dios Apolo y Artemisa, su hermana gemela.

Esparta no estaba invitada, pero sí casi todas las ciudades-estado de la Grecia jónica. Atenas presidió la reunión. En Delos se formó una nueva liga: la Liga de Delos.

La Liga de Delos pretendía vengarse del Imperio persa por haber aterrorizado y asolado Grecia durante las guerras Greco-Persas.

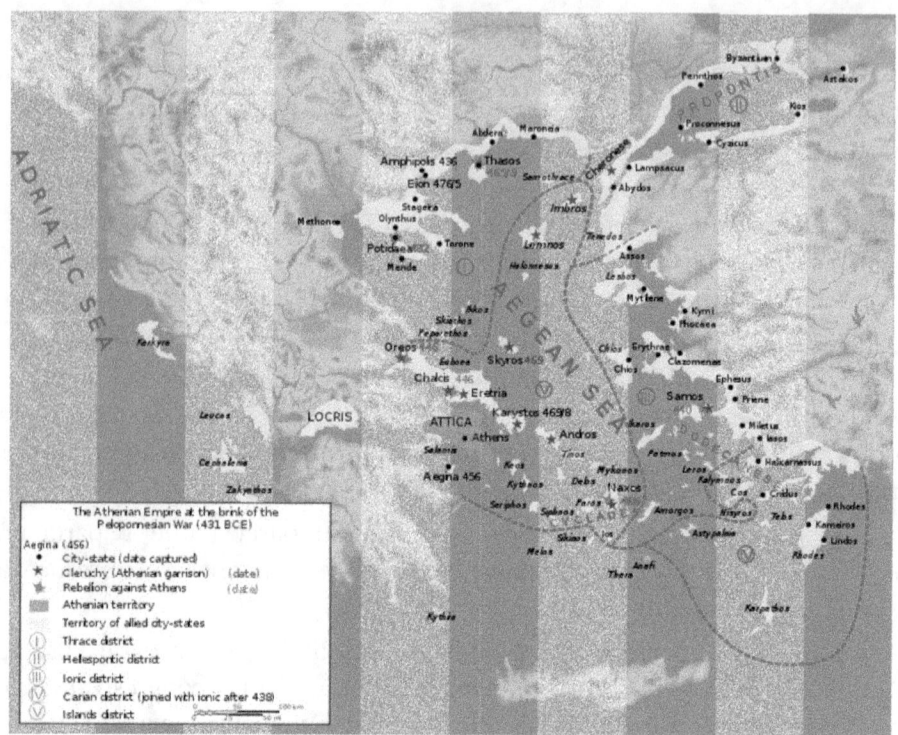

Aunque la Liga de Delos tardó en crecer tanto, el mapa da una buena idea del número de aliados a los que Atenas podía recurrir[16]

Los miembros juraron ser enemigos de los enemigos de los demás y tener los mismos aliados entre sí, al igual que la Liga del Peloponeso. Las reuniones se celebrarían periódicamente en Delos, y cada miembro tendría el poder de un voto para la toma de decisiones.

Atenas ostentaba la mayor parte del poder. Como parte de las obligaciones de los miembros, cada uno pagaba cuotas y tributos a Atenas. Estos fondos se utilizarían para ampliar la armada de la liga, que estaba bajo el control de Atenas, así como para patrocinar expediciones militares en caso de necesidad. Mientras reconstruían las murallas de su ciudad, los atenienses ampliaron su poder naval gracias a los tributos pagados por los aliados de Delos.

Aunque parecía que la Liga de Delos se había creado para hacer pagar a Persia por la invasión de Grecia, las ambiciones imperialistas de Atenas brillarían con luz propia en los años venideros.

Tercera guerra Mesenia

Los espartanos se dieron cuenta de que Atenas se estaba posicionando estratégicamente para dominar la Grecia del Peloponeso. La Liga de Delos se erigió como oponente de la Liga Peloponesia de Esparta, que se volvió a reunir tras el final de la segunda guerra Greco-Persa. Con el tiempo, algunas ciudades-estado, como Mégara, desertaron de la Liga del Peloponeso para unirse a la nueva liga liderada por Atenas.

Si fuertes aliados de la Liga del Peloponeso como Corinto se daban la mano con Atenas, Esparta sería derrocada. Esparta necesitaba mantener a raya el creciente poderío ateniense, pero tenía un problema mayor entre manos: la tercera guerra Mesenia.

Temblores y sacudidas

Un buen día del año 464 a. C., los habitantes de Esparta se dedicaban a sus quehaceres cotidianos. Los chicos de la agogé luchaban en el suelo y las chicas estaban en la escuela. De repente, el suelo empezó a temblar. Los espartanos debían de estar preocupados, pero lo único que podían hacer era esperar.

El temblor aumentó, sacudiendo los cimientos de Esparta y otras ciudades-estado cercanas hasta la médula. Era un terremoto. Fue uno de los más destructivos de la antigüedad, y no era algo que los espartanos pudieran combatir con lanzas.

Los desastres naturales no siempre se podían predecir, por lo que es poco probable que los espartanos estuvieran preparados para ello. Lucharon por sus vidas mientras el suelo se resquebrajaba y se partía, convirtiendo los muros en polvo. Templos, estatuas, monumentos, ayuntamientos y casas particulares quedaron reducidos a ruinas, atrapando a miles de personas. Fue un duro golpe para la población de Esparta. Se cree que unas veinte mil personas murieron en el terremoto.

En medio de todo el caos, cierto grupo de personas vio una oportunidad: la casta inferior reprimida de la sociedad espartana, también conocida como los helotas.

Los helotas nunca habían visto a sus orgullosos amos espartanos en tal estado de pánico. Para un pueblo que había sido completamente humillado y derrotado en la primera y segunda guerras Mesenias, parecía como si la propia Madre Naturaleza les hubiera presentado la oportunidad de su vida: un estrecho camino hacia la libertad duradera.

Rápidamente, los helotas se unieron y desenvainaron sus espadas, indicando una sangrienta revuelta. No desaprovecharían esta oportunidad por nada del mundo. Cargaron contra sus perplejos amos, vadeando y arrastrándose entre trozos de muros caídos y estatuas decapitadas.

Los espartanos vieron que se avecinaba otra revuelta y que su confusión alimentaba a los alborotadores. Inmediatamente, enviaron un mensaje a las ciudades-estado griegas vecinas, solicitando refuerzos militares y ayuda para sofocar la rebelión.

Pero los rebeldes mesenios eran imparables. Se abrieron paso fuera de Esparta y se dirigieron a la fortaleza del monte Ithome, donde sus antepasados habían rechazado a las fuerzas espartanas en el pasado. Los helotas creían que la histórica fortaleza los protegería de la ira de los espartanos y les daría la victoria.

Mientras tanto, en Esparta, sus aliados habían respondido rápidamente a la llamada de auxilio. Las tropas llegaron a las puertas de la devastada ciudad de Esparta para unirse al sometimiento de los helotas errantes. Entre ellos había un contingente de cuatro mil hombres de Atenas, que ofrecieron una mano de ayuda, pero los espartanos la rechazaron.

De hecho, las tensiones entre Esparta y Atenas se habían congelado durante las guerras Greco-Persas, pero el nuevo experimento de poder de Atenas con la Liga Delos había disgustado a los espartanos. No podían librarse de sus sospechas de que Atenas tenía intenciones traicioneras de ponerse del lado de los rebeldes mesenios. Así que rechazaron a las tropas atenienses, lo que supuso un grave insulto para Atenas.

Este acontecimiento acabaría con la fachada de paz entre Esparta y Atenas y allanaría el camino para lo inevitable: una guerra para determinar de una vez por todas quién era la verdadera potencia de Grecia.

Los primeros rounds

El experimento ateniense

Cimón, el general ateniense que había conducido a los cuatro mil soldados a Esparta pero fue rechazado, pagó esta humillación con su carrera. Fue apartado de la política ateniense y sustituido por su rival, Efialtes, pero esto no fue suficiente castigo. Sabían que los espartanos tendrían que pagar por su insolencia.

Teniendo en cuenta la competencia militar de Esparta, los atenienses sabían que no debían declararle la guerra temerariamente. Necesitaban aliados formidables con rencores similares contra Esparta para tener una oportunidad de victoria.

Afortunadamente, la Liga de Delos estaba a la altura. Todo lo que Atenas tenía que hacer era conseguir más estados de su lado.

Así, durante los diez años que los espartanos estuvieron inmersos en la tercera guerra Mesenia, los atenienses se embarcaron en una búsqueda para conseguir aliados por toda Grecia. En primer lugar, se dirigieron a Argos, la archienemiga de Esparta, que no dudó en apoyar la causa. Después, se aliaron con Tesalia y Mégara.

Megara había pertenecido a la Liga del Peloponeso, pero en el año 459 a. C. se vio consumida por los conflictos contra otro miembro, Corinto. Atenas ofreció ayuda a Mégara y, juntos, hicieron retroceder a los poderosos corintios del istmo fronterizo que antes controlaban.

Este acto convirtió a Atenas en enemiga directa de los corintios, y éstos responderían reforzando su alianza con Esparta y los demás miembros de la Liga del Peloponeso. La primera guerra del Peloponeso había comenzado.

La batalla de Tanagra

Luego de que los persas, ebrios por su victoria contra Leónidas y sus valientes hombres en el paso de las Termópilas, destruyeran Atenas, la ciudad de Atenas fue reconstruida. Esta vez, los atenienses construirían las Murallas Largas. Estas murallas rodearían la ciudad y estarían directamente unidas a los puertos marítimos atenienses.

Temístocles creía que las murallas fortificarían mejor Atenas contra futuros ataques y servirían como vías de escape al mar en caso de asedio. Las Murallas Largas también asegurarían un acceso más rápido a la flota ateniense en caso de guerra.

Cuando los espartanos se enteraron de que se estaban construyendo las Murallas Largas en Atenas, hicieron sutiles intentos de disuadir a los atenienses del proyecto, pero fueron rechazados. Los historiadores creen que esto confirma las creencias de los espartanos sobre las ambiciones de poder de Atenas, lo que generó desconfianza y llevó a los espartanos a rechazar la ayuda de Atenas durante la tercera guerra Mesenia.

Sin inmutarse por la aversión de Esparta, los atenienses prosiguieron con la construcción de las Murallas Largas, que fue financiada por el tesoro común de la Liga de Delos. Además, la alianza con Mégara otorgó a los atenienses el control del mar y del golfo de Corinto. Una vez confirmada esta alianza, las Murallas Largas se construyeron también en

Corinto y Megara.

En el año 457 a. C., los focianos le declararon la guerra a Doris, de donde eran originarios los griegos dóricos. Esparta envió 1.500 soldados en ayuda de la ciudad, a los que se unieron otros diez mil hombres. Se enfrentaron a Fócida y vencieron.

Atenas se enteró del avance de los espartanos y salió a tenderles una emboscada en Beocia. Se les unieron mil hombres de Argos, y se cree que su número total rondaba los catorce mil hombres.

Las tropas de Atenas y Esparta se encontraron en la llanura de Tanagra y se produjo una batalla épica. Con los espartanos sólo ligeramente superados en número, fue un combate intenso que terminó con numerosas bajas en ambos bandos.

No obstante, los grandes guerreros de Esparta hicieron retroceder a las tropas aliadas atenienses y pudieron regresar a casa a través del istmo de Corinto. Los atenienses y sus aliados, derrotados, se retiraron para recuperar sus pérdidas. Sin embargo, la guerra estaba lejos de terminar. Al cabo de dos meses, Atenas regresaría vigorizada y se apoderaría de Beocia en la batalla de Oenofita.

La tregua

En la cumbre

A pesar de su victoria contra Atenas en la batalla de Tanagra, los espartanos supieron no avanzar más. Los atenienses lamentarían no haber seguido el ejemplo de los espartanos tras su victoria en la batalla de Oenofita.

Tras poner de rodillas a Beocia, Atenas llevó la guerra a su vieja enemiga Egina, una isla cercana a Atenas, donde los atenienses obtuvieron una nueva victoria. Estas victorias animaron a los atenienses a invadir la costa del Peloponeso. Tolmides, un general ateniense, dirigió esta campaña en el año 455 a. C. con cuatro mil hombres y una flota ateniense de élite compuesta por más de cincuenta barcos.

En primer lugar, sitiaron una pequeña aldea mesenia bajo control espartano llamada Metone, pero los espartanos no lo permitieron. Un destacamento de infantería espartano fue enviado urgentemente a Metone, y los atenienses se vieron obligados a retirarse.

A continuación, los atenienses invadieron y arrasaron el puerto espartano de Giteion. Continuaron hacia el golfo de Corinto y se apoderaron de Calcis, una colonia corintia. Los atenienses querían provocar algún tipo de reacción por parte de Corinto y, por extensión, de Esparta.

Sin embargo, los espartanos se mantuvieron inmóviles. Seguían ocupados con la guerra contra los helotas rebeldes, que se había prolongado durante diez años tras el devastador terremoto. En 454 a. C., los espartanos habían derrotado a los últimos helotas. Muchos rebeldes habían perdido la vida en la guerra, y los pocos supervivientes que lograron escapar huyeron a Naupacto, cerca del golfo de Corinto. Allí fueron bien recibidos por Tolmides.

Para cumplir el objetivo principal de la Liga de Delos, que era vengarse de Persia, los atenienses llevaron a sus aliados a la guerra contra Egipto, uno de los vasallos de Persia. Los atenienses intentaron aprovecharse de los levantamientos en Egipto, pero fueron aplastados por los persas.

Los atenienses tardarían años en recuperarse de esta humillante derrota. La reputación de Atenas en el Egeo sufrió un ligero declive, lo que impulsó a los pueblos sometidos de Beocia a exigir la independencia del control ateniense.

En respuesta, Tolmides y sus hombres se dirigieron a Beocia para poner en su sitio a los vasallos díscolos en la batalla de Coronea, en el año 447 a. C. Allí, Atenas fue derrotada una vez más, y el círculo vicioso de la rebelión de los vasallos atenienses se acentuó. Megara, Eubea y Egina se rebelaron contra la supremacía ateniense.

Ahora que Esparta era políticamente estable, avanzó contra Atenas invadiendo Ática y otras colonias atenienses. Atenas quedó destrozada por la guerra, y su reputación como potencia emergente de la antigua Grecia pendía de un delgado hilo.

Los atenienses sufrieron muchas derrotas y se cansaron de la caótica serie de guerras contra Esparta y sus aliados. Una Grecia unida bajo control ateniense exigía más de lo que podían permitirse.

Un día de invierno de 446 o 445 a. C., Esparta recibió una invitación de Atenas para firmar un tratado de paz: una propuesta de treinta años de paz entre las dos ciudades-estado.

Una de las condiciones del tratado era que Atenas mantuviera sus territorios originales y cediera el control de los territorios espartanos en su poder. Los estados neutrales serían libres de alinearse con Esparta o Atenas, lo que daría el mismo reconocimiento a las Ligas del Peloponeso y de Delos.

Los espartanos no vieron razón alguna para discrepar, ya que las condiciones eran mutuamente favorables. Esparta cumpliría su parte del acuerdo. ¿Pero haría Atenas lo mismo?

Capítulo 9 - La guerra del Peloponeso: La segunda fase

Esparta y Atenas siempre habían sido política y culturalmente divergentes. A los atenienses les costaría mucho darle la mano a una nación tan abiertamente contraria a la democracia y a todos sus principios.

Por algún milagro cósmico, estas dos poderosas ciudades-estado griegas llegaron a un acuerdo de paz, que supuestamente duraría treinta años. Este periodo marcó el fin de las escaramuzas aparentemente interminables entre atenienses y espartanos, así como entre sus aliados.

Sin embargo, la paz sólo duraría quince años. E incluso durante esos quince años, Grecia no pudo estar en paz.

El dictador

La Liga del Peloponeso era una institución militarista, ya que permitía a los Estados miembros dirigir sus asuntos internos sin interrupciones. Esta libertad no fue respetada en la Liga de Delos. Con el paso de los años, Atenas interfirió cada vez más en la política de sus miembros, imponiéndoles el modelo de gobierno ateniense -la democracia- y obligándolos a convertirse en vasallos.

Peor aún, Pericles, general ateniense y colega de Tolmides, ordenó hace tiempo que el tesoro común de la Liga fuera trasladado de Delos a Atenas. Esto generó resentimiento entre los miembros de la liga, ya que consideraban que la decisión de Pericles era bastante turbia.

Pronto, la Liga de Delos estuvo plagada de sospechas acerca de que los recursos aportados por los miembros estaban siendo desviados para patrocinar los intereses imperialistas de Atenas. No mucho después, Atenas, como líder de la alianza, promulgó un nuevo método de pago de tributos. Los miembros sólo podían hacer aportes monetarios en lugar de tropas, barcos o armas.

Este anuncio acentuó la desconfianza de los miembros. Tucídides resume la naturaleza de la relación de Atenas con sus aliados de la siguiente manera:

> "De todas las causas de deserción, la principal fue la relacionada con los atrasos en el pago de tributos y navíos, y con la falta de servicio; pues los atenienses eran muy severos y exigentes, y se mostraban ofensivos aplicando el tornillo de la necesidad a hombres que no estaban acostumbrados y, de hecho, no estaban dispuestos a ningún trabajo continuado. En algunos otros aspectos, los atenienses no eran los antiguos gobernantes populares que habían sido en un principio; y si tenían más servicio del que les correspondía, les resultaba correspondientemente fácil reducir a cualquiera que intentara abandonar la confederación. Los atenienses también se las arreglaron para que los otros miembros de la liga pagaran su parte de los gastos en dinero en lugar de en barcos y hombres, y por esto, las ciudades-estado sometidas tuvieron que culparse a sí mismas, ya que su deseo de no prestar servicio hizo que la mayoría abandonara sus hogares. Así, mientras Atenas aumentaba su armada con los fondos que aportaban, una revuelta siempre se encontraba sin suficientes recursos ni líderes experimentados para la guerra".

Atenas no tardó en verse envuelta en guerras internas, sobre todo en la guerra Samia, en el año 440, contra Samos, ardiente aliada de Atenas.

Los espartanos vieron cómo la alianza entre Atenas y sus aliados se debilitaba. Corinto y otros miembros de la Liga del Peloponeso, tentados de atacar a una Atenas vulnerable y devastada por la guerra, votaron en contra de entrar en guerra.

Al final, Atenas extinguiría todas las revueltas y pondría en orden los asuntos de su pequeño imperio.

Viejos rencores: Las batallas de Síbota y Potidea

Corría el año 433 a. C. y Corinto, el aliado más rico de Esparta, y una pequeña isla del mar Jónico llamada Córcira no se llevaban nada bien. Córcira era una antigua colonia de Corinto, y la animosidad entre ambas había existido durante bastante tiempo.

Córcira envió emisarios a Atenas solicitando una alianza. Los atenienses acudieron en su ayuda y enviaron una flota de 10 navíos de guerra para unirse a los 110 barcos de los corcirenses.

Para Esparta, esta alianza era demasiado peligrosa. Advirtió a Atenas que su flota no debía involucrarse a menos que Corinto invadiera realmente Córcira. Esparta no se involucró directamente en esta batalla, pero fue informada de lo que sucedía.

Corinto y Córcira se enfrentaron en una de las mayores batallas navales griegas de la época. Los atenienses también lucharon, aunque la batalla en sí no tuvo lugar en Córcira. Tuvo lugar cerca de Síbota, que estaba cerca de Córcira pero no lo suficiente como para violar el tratado.

La batalla fue devastadora para ambos bandos, que acabaron alzándose con la victoria. Un año después de aquella batalla naval, los atenienses volvieron a provocar a los corintios.

Potidea era una pequeña pero estratégica ciudad situada en la península Calcídica. Aunque era una colonia de Corinto, Potidea era miembro de la Liga de Delos, lo que significaba que pagaba tributo a Atenas pero no estaba bajo su control político.

Sabiendo que Corinto tomaría represalias por su papel durante la batalla de Síbota, los atenienses se lanzaron a la acción utilizando Potidea. Como cabeza de la Liga de Delos, Atenas exigió que Potidea renunciara a su alianza política con Corinto y desterrara a los administradores corintios de la ciudad. También exigieron la demolición de una parte de la muralla de Potidea y que los potidanos enviaran rehenes a Atenas para demostrar su lealtad.

Potidea creía, con razón, que se trataba de un intento de Atenas de reducir el estado a la condición de vasallo, convirtiéndolo en una extensión del imperio ateniense. Sin embargo, se podría argumentar que Atenas temía que Corinto incitara a Potidea a la rebelión, al igual que Macedonia estaba haciendo con los vasallos atenienses en Tracia.

Así pues, el gobierno ateniense concedió a un hombre llamado Arquestato el mando de mil soldados y treinta barcos para una expedición. Primero iría a Macedonia y a continuación a Potidea para instar a los potidanos a decidirse a favor de Atenas.

Al darse cuenta de que la neutralidad les había fallado, los potidanos decidieron tomar partido de una vez por todas. Las exigencias atenienses eran ridículas, pero el peligro de negarse era demasiado grande. Los potidanos enviaron una delegación diplomática a Atenas para negociar unas condiciones más favorables, pero los atenienses se mantuvieron inflexibles.

Los potidanos estaban acorralados, pero había otro estado al que podían recurrir: Esparta.

Esparta ratificó la protección de Potidea por parte de Corinto frente a la agresión ateniense nombrando a un general corintio llamado Aristeo para comandar las tropas de Corinto, que contaban con unos dos mil hombres.

Atenas estaba finalmente en guerra con Corinto, y para asegurarse la victoria, los atenienses enviaron refuerzos dirigidos por Calias, que era uno de los hombres más ricos de Atenas.

Las tropas y barcos atenienses superaban en número a los de Corinto, y cuando se enfrentaron en Potidea en el año 432 a. C., los atenienses diezmaron a las tropas corintias y obligaron a Aristeo a retirarse.

El desafío

Los espartanos se enteraron del gran fiasco de Corinto durante un consejo de guerra de la Liga del Peloponeso. Muchos estados miembros guardaban rencor a los atenienses. Por ejemplo, Mégara, que ahora estaba realineada con la Liga del Peloponeso, luchaba contra las sanciones comerciales impuestas por Atenas. Los miembros de la liga expresaron su descontento por la tibieza de Esparta ante las recientes actividades de Atenas. Corinto, en particular, recordó a Esparta su deber de proteger a los miembros de la liga e instó a los espartanos a tomar medidas.

Si una ciudad tan importante como Corinto se sentía tan amenazada por los atenienses, los espartanos sabían que había que hacer algo. Les preocupaba perder la fuerza naval de Corinto o, peor aún, su lealtad.

A mitad de la reunión, entró una delegación de visitantes. Eran mensajeros de Atenas.

No habían sido invitados a la reunión, por lo que resultaba totalmente inesperado, pero habían llegado con un mensaje para Esparta, Corinto y los demás miembros de la Liga del Peloponeso: una advertencia para que no se atrevieran a contemplar la posibilidad de entrar en guerra con Atenas.

En sus palabras, Atenas había continuado la lucha contra los persas mientras Esparta se mantenía al margen. Los atenienses exhortaron condescendientemente a Esparta y a sus aliados a que recordaran cuál era su lugar.

Los espartanos sabían que no se trataba de una simple advertencia. Era un desafío. Una vez que los descarados atenienses se fueron, los espartanos y otros estados aliados debieron de decir entre ellos: "Ya hemos ocupado un lugar secundario durante demasiado tiempo. Ahora, nos unimos a la guerra y dar a estos impetuosos atenienses una porción de brutalidad espartana".

Esto anunció el final prematuro de la Paz de los Treinta Años y un segundo estallido de la guerra del Peloponeso.

¿Por qué tanto conflicto?

Para contextualizar, Esparta y Atenas tenían estrategias de guerra diferentes. Los atenienses comandaban una vasta flota naval y contaban con los mejores comandantes navales de Grecia, como Temístocles, que desafió a la gran armada persa en el cabo de Artemisio.

Los espartanos, en cambio, destacaban en las batallas terrestres. Mientras Temístocles había comandado la flota griega durante la segunda guerra Greco-Persa, el rey Leónidas de Esparta había dirigido a sus trescientos hombres y a otros griegos contra un enemigo persa mucho mayor por tierra.

Tras cincuenta años de luchar hombro con hombro contra un enemigo común, Atenas y Esparta se habían vuelto la una contra la otra.

Esparta declaró su justificación para invadir Atenas: liberar a las ciudades-estado griegas que llevaban mucho tiempo oprimidas por los atenienses mientras éstos expandían su imperio. Esto le valió a Esparta el apoyo popular, pero lo más importante es que la guerra contra Atenas era un medio para reinstaurar a Esparta como la única y verdadera dueña de la Grecia del Peloponeso.

La segunda fase de las guerras del Peloponeso fue una serie de batallas marítimas y terrestres entre antiguos aliados convertidos en beligerantes. Los espartanos ganaron la mayoría de las batallas terrestres, pero sólo unas pocas en el mar, ya que los atenienses seguían dominando en ese terreno.

La guerra Arquidámica

Esta guerra, que debe su nombre al rey Arquidamo II de Esparta, duró desde el año 431 hasta el 421 a. C. Fue la primera fase de la segunda guerra del Peloponeso (normalmente se hace referencia a la segunda guerra del Peloponeso como la guerra del Peloponeso, muy probablemente porque fue la más decisiva de las dos guerras).

La estrategia de Esparta de rodear el campo de Atenas y bloquear las tierras de cultivo y las rutas de suministro obligó a los atenienses a refugiarse tras las Murallas Largas.

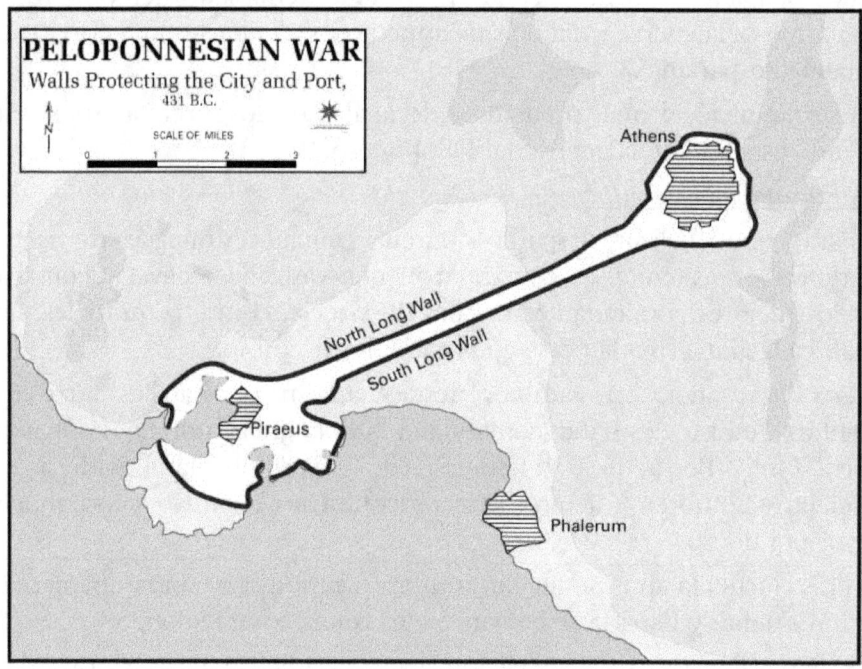

El probable aspecto de las Murallas Largas[16]

A instancias de Pericles, estadista y general de guerra, los atenienses se negaron a abandonar las murallas de su ciudad y enfrentarse a los espartanos en una batalla abierta. Pericles había ideado la participación de Atenas en la batalla de Síbota, así como la imposición de sanciones comerciales a Mégara, catalizadores que pusieron fin a la Paz de los Treinta Años y desencadenaron la segunda guerra del Peloponeso.

Por la supervivencia de Atenas, Pericles convenció a los atenienses de que evitaran una batalla terrestre contra los espartanos a menos que fuera absolutamente necesario. En su lugar, se prepararían para una ofensiva naval en el golfo de Corinto.

Con el tiempo, los espartanos se dieron cuenta de que su asedio al campo era ineficaz, ya que los atenienses aún conservaban el acceso al mar y a las rutas marítimas gracias a las Largas Murallas. Si Esparta quería una guerra de verdad, necesitaba una nueva estrategia o un milagro.

Acabaría siendo un milagro: un milagro horrible y mortal que sacudiría la ciudad de Atenas desde dentro.

En el año 430 a. C., el puerto del Pireo, principal fuente de alimentos y otros suministros de Atenas, les regaló a los atenienses una epidemia mortal. A esta horrible plaga no le importaba el estatus de las personas; incluso murieron Pericles y sus hijos. Entre uno y dos tercios de la población ateniense perecieron, y la plaga se extendió por todo el Mediterráneo, asolando todas las ciudades a su paso.

Mientras tanto, los atenienses estaban atrapados detrás de sus propios muros, propagando la enfermedad más rápidamente debido a sus estrechos alojamientos. A los espartanos no les entusiasmaba la idea de contraer la enfermedad, así que abandonaron sus planes y volvieron a casa.

Sin embargo, sin Pericles, los atenienses pudieron adoptar un enfoque más agresivo. En 429 a. C., Atenas salió victoriosa de las batallas navales consecutivas de Rhium y Naupacto. Los atenienses siguieron causando estragos en el Peloponeso, adentrándose en zonas como Beocia y Etolia.

En el año 425 a. C., Atenas descubrió una península llamada Pilos. Demóstenes, el comandante ateniense, descubrió que era una posición estratégica, desde la que podían atacar a Esparta. Los espartanos sabían que había que hacer algo antes de que los atenienses continuaran por tierra para apoderarse de más territorio.

Los espartanos enviaron sesenta barcos a Pilos, superando en número a los atenienses por muy poco. Pero no fue suficiente. Los atenienses destruyeron dieciocho barcos enemigos mientras que los espartanos sólo consiguieron destruir ocho naves atenienses.

Los atenienses también consiguieron atrapar a un gran número de hoplitas espartanos, probablemente cerca de unos cuatrocientos, en la isla de Esfacteria. Alrededor de cien de estos hoplitas eran ciudadanos espartanos de pleno derecho, lo que provocó la reacción del gobierno espartano.

Los espartanos intentaron encontrar una solución diplomática con los atenienses, pero fracasaron. Siguió la batalla de Esfacteria. Para esta batalla terrestre, Demóstenes se unió a Cleón, un general ateniense radicalmente matón que había asumido esencialmente el papel de Pericles. Juntos, dirigieron a más de tres mil soldados atenienses contra los pocos centenares de espartanos.

Los espartanos se vieron obligados a rendirse. Se cree que fue la primera vez en la historia que Esparta se rindió en lugar de luchar hasta la muerte. Esta monumental derrota y humillación supuso un duro golpe para la reputación espartana. Y se necesitaría algo más que la victoria en la batalla de Anfípolis para que se recuperaran.

Brásidas de Esparta

Brásidas era un talentoso guerrero. Había sobrevivido a duras penas a la batalla de Pilos y, poco después, fue enviado a capturar Anfípolis, una colonia ateniense en Tracia, como venganza por la ocupación ateniense de Pilos.

En lugar de saquear la ciudad y masacrar a todos sus habitantes, Brásidas propuso una tregua. Los habitantes de Anfípolis podrían quedarse o marcharse en paz siempre que se rindieran. El tiempo no estaba de parte de Brásidas, ya que Tucídides (sí, el historiador, aunque en ese momento era general) se dirigía a la ciudad. Anfípolis decidió aceptar la oferta de Brásidas. Hizo la misma oferta a otras ciudades de Tracia, intentando ir un paso por delante de Tucídides. Hablando de Tucídides, no le fue bien en todo esto. Muchos lo culparon por la caída de Anfípolis, y fue llamado de vuelta a Atenas, donde fue condenado al exilio.

Atenas temía lo que podría ocurrir si todas sus ciudades se volvían en su contra, por lo que en el año 423 a. C. firmó una tregua con Esparta. Atenas quería ganar tiempo, mientras que los espartanos esperaban el regreso de sus prisioneros, capturados durante la batalla de Esfacteria.

Sin embargo, la paz no llegó. Brásidas tomó Escione y se negó a devolverla, incluso después de enterarse del armisticio. Cleón se dispuso a recuperarla, dando inicio a la segunda batalla de Anfípolis en el 422 a. C.

Esparta ganó esta batalla e incluso consiguió asestar otro golpe decisivo al matar a Cleón. Sin embargo, Brásidas también murió a causa de las heridas recibidas. Al menos vivió lo suficiente para escuchar la buena noticia de que habían ganado. Tras su muerte, fue enterrado en la ciudad de Anfípolis, donde sería venerado como héroe y fundador de la ciudad.

La batalla de Anfípolis fue un acontecimiento decisivo en la guerra del Peloponeso. Esparta sufrió supuestamente siete bajas; los atenienses, unas seiscientas. Sin embargo, ambos bandos ansiaban un respiro.

El rey Pleistoanax de Esparta y Nicias, el comandante en jefe ateniense, entablaron negociaciones de paz y, en marzo de 421 a. C., se firmó la Paz de Nicias.

Esto marcó el final de la guerra Arquidámica, que duró una década.

La batalla de Egospótamos

No es de extrañar que la Paz de Nicias no durara mucho. Apenas dos años después del tratado, Esparta y Atenas se enfrentaron en la batalla terrestre más épica de la Grecia clásica.

Ocurrió en una pequeña ciudad arcadia llamada Mantinea en el año 418 a. C. Parte de Arcadia y toda Argos apoyaron a Atenas, que contaba con un formidable ejército de ocho mil hombres. Se enfrentaron a Esparta y sus aliados, que contaban con unos nueve mil. Los espartanos derrotaron a las tropas atenienses y obligaron a Argos a retirar su apoyo a Atenas.

Esta victoria fue celebrada en Esparta como una señal. A pesar de la desmoralizante serie de derrotas sufridas a lo largo de los años, los espartanos no habían perdido su temple después de todo. La tendencia continuó en las batallas navales de Symi y Notio; los espartanos aplastaron a los atenienses sin piedad y arrasaron sus barcos de guerra.

En el año 406 a. C., los atenienses lograron una pequeña remontada en la batalla naval de Arginusas, en la que los espartanos perdieron setenta barcos y a su comandante, Calicraditdas. Atenas, sin embargo, perdió casi treinta naves, y la ciudad estalló en luchas internas como consecuencia de las pérdidas. Seis comandantes navales atenienses fueron condenados a muerte por su ineptitud, ya que muchos hombres murieron a consecuencia de la batalla, aunque parte de esta culpa podría achacarse a la tormenta que tuvo lugar. Es probable que Atenas sintiera la presión y necesitara culpar a alguien.

<u>El ataque final</u>

De vuelta en Esparta, Lisandro, que había liderado la victoria en la batalla de Notio en el 406 a. C., fue restituido como segundo comandante de la armada espartana.

Por ley, Aracos era el superior de Lisandro; sin embargo, Lisandro estaba prácticamente al mando. Como Lisandro ya había ocupado una vez el cargo de comandante en jefe de la armada (conocido como navarca), no podía volver a ocupar ese puesto. Sin embargo, Esparta necesitaba del talento de Lisandro para acabar con los desmoralizados atenienses.

En algún momento del año 407 a. C., antes de la batalla de Notio, Lisandro había conseguido por sí solo una alianza con un conocido de lo más inverosímil: Persia. Parece una locura que estos dos países lucharan en el mismo bando. Pero los tiempos hacían de enemigos improbables aliados. Así, Lisandro de Esparta entabló amistad con Ciro el Joven, príncipe de Persia, a finales del siglo IV a. C. Y Persia, que estaba dirigida por Darío II, prestó ayuda naval a Lisandro para la batalla de Notio.

Persia volvería a hacerlo en el último combate de la guerra del Peloponeso: la batalla de Egospótamo.

Al momento de Egospótamo, Atenas estaba destrozada. La esperanza menguaba entre la élite. La pobreza y el hambre habían convertido al pueblo en un espantapájaros y los recursos de la Liga de Delos estaban casi agotados. Lo peor de todo es que sus tropas navales y terrestres habían perdido todo valor para seguir adelante con la conquista de Esparta.

Para aplastar de verdad a Atenas, Lisandro sabía que tendría que golpear a Atenas donde más se sintiera. Atenas dependía de la importación de grano y suministros militares de Asia a través del estrecho del Bósforo. El primer objetivo de Lisandro era capturar la importante ciudad de Lámpsaco.

Lámpsaco era un miembro de la Liga de Delos que pagaba tributos y una ciudad estratégica en la ruta de suministros de Atenas. Lisandro y sus tropas navales ocuparon la ciudad, así como Sestos, que era otra ciudad importante para Atenas. Los espartanos también asaltaron Salamina, Egina y partes del Ática.

Los atenienses se angustiaron al saber que sus bases navales habían sido tomadas por las tropas espartanas y que sus rutas de suministro estaban acordonadas. Un general ateniense llamado Conón llevó unos 180 barcos y más de 35.000 hombres al estrecho de Egospótamo, cerca del Helesponto, donde Lisandro y su armada se enfrentaron a ellos en un combate final.

Tras un largo y duro combate, sólo nueve naves atenienses y un puñado de hombres sobrevivieron a la ira de los espartanos. El historiador ateniense Jenofonte describe el estado de ánimo de Atenas al recibir la noticia de esta aplastante derrota. "Desde el Pireo, a través de las Murallas Largas, hasta la ciudad, corría un rumor de lamentos, transmitiéndose unos a otros la noticia; y durante aquella noche nadie durmió, todos de luto, no sólo por los perdidos, sino mucho más por sí mismos".

Los atenienses tenían razón al temer.

Los espartanos derribaron las murallas de Atenas y expulsaron a su gobierno democrático, sustituyéndolo por la oligarquía que tanto detestaban los atenienses. La edad de oro de Atenas había llegado a su fin, y la que fuera cuna de la democracia y las artes iniciaba un cambio sísmico en la política, la economía y la cultura.

Lisandro y sus hombres volvieron a casa victoriosos, y Esparta enloqueció de júbilo con la noticia de la rendición de Atenas en 404 a. C.

La Liga de Delos había terminado, y todos los rincones del antiguo Imperio ateniense saludarían el amanecer de una nueva era, en la que Esparta -y sólo Esparta- ostentaría el máximo poder de la antigua Grecia.

Capítulo 10 - La guerra de Corinto

Antecedentes

A la luz de los grandes acontecimientos de la historia, especialmente de la guerra, descubrirás que no hay amigos ni enemigos permanentes. En un momento, puedes estar tratando con un enemigo; al siguiente, es tu aliado más importante.

Esparta, la vencedora de la guerra del Peloponeso, había sido aliada de Atenas durante las guerras Greco-Persas, pero Persia, el enemigo común en aquel momento, se convirtió más tarde en aliado de Esparta. Estas ironías continuarían después de la guerra del Peloponeso, ya que los espartanos, ebrios de victoria, cometerían errores fatales que agriarían las relaciones con un aliado de toda la vida, como Corinto.

Corría el año 400 a. C., y los aliados de Esparta en toda Grecia continental no se resignaban a la flagrante ingratitud de los espartanos hacia sus contribuciones en la guerra del Peloponeso. En lugar de compartir el botín de guerra con sus aliados, Esparta se lo había quedado todo, a pesar de que estos aliados habían aportado barcos y hombres para ayudar a su causa. Esparta también acaparó los tributos pagados por los vasallos del antiguo imperio ateniense, así como otros beneficios, para disgusto de sus aliados.

Esparta había iniciado este absurdo camino apenas siete años después de la guerra del Peloponeso. Como favor personal, el héroe de guerra Lisandro ayudó a su amigo, el príncipe Ciro, a ascender al trono de Persia, utilizando para ello los recursos militares y navales de Esparta que tenía a su disposición, en el año 401 AEC. Sin embargo, estos esfuerzos fracasaron y Ciro murió en el conflicto. La participación de Esparta en la entronización de Ciro nunca sería olvidada por su hermano, Artajerjes II, que conservó el trono.

Los aliados de Esparta vieron cómo la riqueza que habían puesto a disposición de Esparta en colaboración se gastaba en frivolidades mientras ellos permanecían distanciados.

En 402 a. C., Esparta se había vuelto contra uno de sus aliados y miembro de la Liga del Peloponeso, Elis. Elis se vio obligada a convertirse en un estado vasallo de Esparta, lo que supuso un incumplimiento de la promesa de Esparta de no interferir nunca en los asuntos internos de sus aliados.

El resto de los aliados de Esparta, sobre todo Corinto y Tebas, temían desde entonces que Esparta se estuviera convirtiendo en una pesadilla imperialista, que pretendiera arrodillar a toda Grecia en servidumbre, una espantosa similitud con Atenas y la Liga de Delos.

La invasión de Jónica por Esparta en el 398 a. C. confirmó sus especulaciones. Era evidente que Esparta tenía como objetivo a sus aliados más débiles en su búsqueda de expansión territorial. Sólo era cuestión de tiempo antes de que aliados más grandes como Tebas y Corinto se encontraran con la ira de los espartanos.

Había que detener a Esparta.

El primer ataque

En algún momento alrededor del año 396 a. C., Persia envió a un gobernador llamado Timócrates a las principales ciudades de Grecia, incluidas Atenas, Corinto y Tebas. El rey Agesilao II de Esparta había estado realizando incursiones en Persia. Su invasión, además de la ayuda de Esparta para poner a Ciro el Joven en el trono persa, debió de molestar al rey persa. Timócrates fue enviado con oro para convencer a estas ciudades de que se unieran a Persia para derrotar a Esparta.

Al parecer, Tebas carecía de medios para desafiar abiertamente a Esparta, por lo que convenció astutamente a su vecina Locros para que asaltara Fócida, firme aliada de los espartanos. Como Tebas era aliada de Locros, tuvo que intervenir. Los efectos se extendieron según lo previsto, y Esparta le declaró la guerra a Tebas en el 395 a. C., lo que desembocó en la batalla de Haliarto.

Este conflicto fue sólo el preludio de otra guerra que pondría a prueba el poderío de Esparta: la guerra de Corinto.

Lisandro y otro comandante llamado Pausanias fueron los encargados de hacer frente a los tebanos. A cada comandante se le asignaron tropas, pero Lisandro y los suyos llegaron varios días antes.

Las murallas de la ciudad de Haliarto no eran ningún desafío. Lisandro no vio ninguna razón para esperar a Pausanias, quien lo había menoscabado en el pasado. Lisandro ordenó un asalto frontal y sus hombres cargaron contra las murallas, dispuestos a derribarlas.

Sin que los espartanos lo supieran, el ejército tebano estaba al acecho fuera de las murallas. Cuando se lanzó la ofensiva espartana, los tebanos salieron de sus escondites y destruyeron a las tropas espartanas.

Lisandro murió en combate y las tropas restantes sufrieron pérdidas considerables. Pausanias sería castigado con el exilio por llegar tarde al campo de batalla y entregar Beocia durante las negociaciones con los tebanos.

Esparta había perdido este asalto, junto con dos grandes hombres. ¿Era el rey Agesilao un líder lo bastante fuerte como para conducir a Esparta a través de la inminente tormenta?

El rey Agesilao II de Esparta

Tras el controvertido ascenso de Agesilao al trono espartano hacia el año 400 a. C., en el que acusó de ilegítimo a un heredero legítimo, éste puso sus ojos en Asia Menor. Plutarco y Jenofonte creen que el rey espartano tenía grandes planes para poner todo el Imperio persa bajo control espartano.

Éfeso, una ciudad griega jónica, se convirtió en la base militar de Agesilao. Allí reclutó a mercenarios que habían luchado para el difunto príncipe Ciro a fin de que se unieran a sus tropas en la guerra contra Persia. Estos mercenarios eran leales a Lisandro, y al rey espartano le preocupaba quedar marginado.

Por ello, humillaba con frecuencia a Lisandro delante de los hombres para

Rey Agesilao de Esparta[17]

recordarle su lugar y, posiblemente, obligarlo a abandonar el ejército. Este acto de inseguridad demostrado por un rey espartano repugnaba a Lisandro. Lisandro le concedió al rey lo que desesperadamente anhelaba y abandonó el ejército del rey.

El rey Agesilao, convencido de que realmente estaba al mando, navegó hacia Anatolia (la actual Turquía), donde se encontraban algunos de los vasallos más valiosos del Imperio persa. La misión del rey Agesilao era volver a los vasallos contra Persia y destruir el imperio desde dentro.

Tras numerosas victorias, Agesilao se dirigió a Sardes, donde se encontró con su nuevo gobernador provincial, Titraustes. El astuto rey espartano encontró en Titraustes a su rival, quien lo sobornó para librarse de los compromisos con Esparta y redirigió a Agesilao hacia el norte.

Se cree que el rey Agesilao era un brillante táctico de guerra, pero un mal diplomático. Su incursión en Asia se vio interrumpida cuando, en el año 395 a. C., recibió noticias urgentes de que su amigo Lisandro había muerto y que los aliados de Esparta se habían convertido en enemigos.

Un año más tarde, el rey Agesilao volvería a dirigirse a Esparta y conquistaría a todos los delincuentes que se interpusieran en su camino, incluidos los principales de Corinto, Tebas y Argos, en la batalla de Coronea.

Batalla de Coronea

El rey Agesilao llegó al Peloponeso en el año 394 a. C. Ese mismo año, los espartanos habían ganado la batalla de Nemea. Las tropas de la coalición formada por Tebas, Corinto, Argos y Atenas contaban con una fuerza de veinticuatro mil hoplitas, pero fueron arrollados por los dieciocho mil hombres de Esparta.

Jenofonte recuerda que los tebanos arruinaron la formación por su falta de cooperación, poniendo en peligro a los demás griegos. Aunque los espartanos ganaron la batalla, la coalición consiguió impedir que los espartanos invadieran Corinto y avanzaran hasta el corazón de Grecia.

Tal revés no era nuevo para Atenas, dada su experiencia durante la guerra del Peloponeso. Argos y Corinto, por su parte, estaban desmoralizados. Los griegos aliados se reagruparon y empujaron a los tebanos hacia adelante para liderar el siguiente intento contra Esparta.

No se sabe con certeza cuánto tiempo pasó antes de la batalla de Coronea, pero es probable que fuera demasiado, ya que la derrota en la batalla de Nemea aún pesaba en sus mentes. En la batalla de Coronea, a los espartanos se les unieron los focianos y los orcómenos, que sumaban en total unos quince mil hombres. Los orcómenos habían sido aliados de Tebas durante las guerras Greco-Persas, pero poco después se enemistaron con los tebanos. Los tebanos estaban presentes en esta batalla, así como los argivos y algunos otros aliados. En total, contaban con unos veinte mil hombres.

Los dos ejércitos se enfrentaron y, en un ataque de pánico, los argivos abandonaron el campo de batalla, condenando a los griegos de la coalición a una nueva derrota. Los orcómenos contuvieron a los tebanos con su falange, pero los tebanos acabaron rompiendo sus líneas y atacaron el campamento del rey Agesilao para saquear su botín de guerra de Asia.

Apenas habían robado algo cuando Agesilao llegó con sus tropas de élite, pero aun así masacraron brutalmente a los tebanos. Aquel día se registró un derramamiento de sangre sin precedentes, y el puñado de tebanos que escapó a la ira de Agesilao huyó hacia el monte Helicón, adonde habían huido los desertores argivos.

La batalla de Coronea, el segundo gran combate de la guerra de Corinto, se saldó con una contundente victoria de Esparta.

La batalla de Lequeo

Corría el año 392 a. C. y un grupo de oligarcas espartanos había sido desterrado de Corinto tras una guerra civil contra los demócratas antiespartanos. Amargados por los malos tratos recibidos, los oligarcas espartanos unieron fuerzas con el rey Agesilao de Esparta para invadir parte del golfo de Corinto. Capturaron Lequeo, un puerto que albergaba numerosos barcos de guerra corintios.

Con el puerto asegurado, el rey Agesilao trasladó un contingente de sus tropas para asaltar otras partes de Corinto, mientras que un ejército estacionario permaneció en Lequeo para custodiar el puerto. Entre estas tropas había hombres de Amicla, una ciudad-estado del Peloponeso aliada de Esparta.

Cada año, estos hombres tenían que viajar a casa para el festival de tres días de Hyacinthia en honor de Apolo. Se acercaba el festival y los hombres de Amicla estaban listos para partir.

En el 391 a. C., el comandante espartano a cargo de Lequeo ordenó que seiscientos hoplitas y una fuerza de caballería escoltaran a los viajeros. Los seiscientos hoplitas sólo los escoltarían hasta la frontera de Corinto y regresarían a su base, mientras que la caballería acompañaría a los hombres durante todo el camino de vuelta a casa.

Ifócrates, un comandante ateniense en Corinto, se enteró del movimiento y vio la oportunidad de atacar a los seiscientos hoplitas en su camino de regreso a la base. Los espartanos no habían previsto este movimiento porque pensaban que los corintios y los atenienses temerían su superioridad numérica.

Cuando regresaban de escoltar a los hombres de Amiclas, los seiscientos hoplitas espartanos fueron atacados por una horda de lanzadores de jabalina atenienses (también conocidos como pelstats). Aprovechando la conmoción y la rara desorganización de los espartanos, Ifócrates y sus hombres acorralaron a los espartanos y los persiguieron hacia Lequeo.

Los atenienses lanzaban jabalinas, herían a los espartanos y huían. El objetivo de esta táctica de ataque y huida era desgastar a los espartanos y evitar un frente organizado en el que los espartanos fueran más poderosos.

Al final del día, 250 espartanos habían muerto, pero como conservaban el control del puerto, la batalla de Lequeo tendría poco impacto en las guerras corintias.

Al final, la victoria de los atenienses, aunque impresionante, no fue suficiente para anular su derrota en Coronea.

La paz del Rey

El cambio

A finales de la década de 390 a. C., la coalición de Atenas, Corinto, Argos, Tebas y Persia estaba al borde del precipicio.

Corinto había sido asolada por luchas internas entre una poderosa minoría pro-espartana y la mayoría que quería salir de la condenada alianza con Esparta. Argos había pasado a un segundo plano en las campañas contra Esparta, sobre todo después de la lamentable exhibición en la batalla de Coronea. Tebas, al igual que Corinto y Argos, dependía de Atenas para continuar la lucha.

Mientras tanto, Atenas resurgía como una amenaza para el Imperio persa, a pesar de estar desgarrada por cuestiones internas entre oligarcas y demócratas. Los persas habían apoyado la reconstrucción de Atenas y su rápida recuperación de los desastres tras la guerra del Peloponeso, pero Artajerjes II no tardó en arrepentirse. Ahora le preocupaba haber afilado las garras de Atenas a costa de Persia. Era el momento perfecto para que los espartanos enviaran una delegación a Persia.

Alrededor del año 392 a. C., Antalcidas, estadista y diplomático espartano, fue enviado por Esparta en misión de paz ante un gobernador llamado Tiribacio. Era el gobernador (sátrapa) a cargo de Lidia, una provincia persa en Asia Menor. Cuando el rey Artajerjes II de Persia se enteró de que Tiribacio alojaba a un delegado espartano y trataba con ellos, hizo que sustituyeran al gobernador.

Artajerjes II continuó entonces sus campañas militares contra Esparta hasta que se dio cuenta de que el poder ateniense iba en aumento. Atenas había empezado a invadir partes de Asia Menor y a poner antiguas ciudades-estado bajo control ateniense. Además, los atenienses apoyaban las rebeliones de otros vasallos persas.

En el año 388 a. C., Tiribacio fue sustituido, y él y Antalcidas trabajaron juntos para ganarse el apoyo persa en la guerra. Aunque Artajerjes tardó algún tiempo en sumarse, Persia y Esparta volverían a ser insólitos aliados. Sólo quedaba convencer a los griegos que formaban parte de la coalición para que depusieran las armas.

Una paz forzada

Aunque los persas estaban convencidos de que la paz con Esparta era el camino a seguir, los atenienses no. Habían luchado para llegar a este punto contra los espartanos, y no estaban dispuestos a volver a perder contra ellos.

Antalcidas, basándose en las historias de la guerra de Esparta contra Atenas, sabía cuál era la forma más rápida de conseguir la cooperación de los atenienses. Ordenó que una flota de noventa barcos se desplazara desde Esparta hasta el Helesponto, bloqueando las rutas comerciales y de suministro hacia Atenas.

Esto funcionó. Los atenienses consintieron en deponer las armas, y la coalición de Corinto, Argos y Tebas se vio esencialmente impotente sin su líder. Se encontraron en una mesa con Esparta y Persia, con los términos del tratado dictados por el rey Artajerjes.

Los términos eran más favorables para Persia que para cualquier otro estado presente. Los dominios de Esparta apenas se veían afectados, por lo que a los espartanos no les importaba, pero las ciudades-estado griegas jónicas que habían sido liberadas por Atenas tras las guerras Greco-Persas serían reabsorbidas por el imperio de Artajerjes. Los estados autónomos serían abandonados a su suerte. Las alianzas forjadas contra Esparta, como la de Corinto y Argos, se disolvieron.

Corría el año 387 a. C. y habían pasado ocho años desde que estallara la guerra de Corinto. Y parece que Esparta volvió a salir victoriosa. (Cabe señalar que no hubo un verdadero vencedor de la guerra; sin embargo, Esparta fue la que menos sufrió de las grandes potencias, y se encargó de mantener la paz).

¿Realmente no había nadie capaz de doblegar a los poderosos espartanos?

Capítulo 11 - La decadencia de Esparta

El principio del fin

Tras la guerra de Corinto, los puentes rotos entre Esparta y sus aliados nunca pudieron ser reparados. La Liga del Peloponeso sufrió un descenso masivo de miembros y Esparta luchó por mantener el control de lo que quedaba de su imperio tras el azote de la guerra.

En 385 a. C., dos años después de la ratificación de la Paz del Rey, Esparta sitió Mantinea, su antigua aliada que había tomado partido por Atenas durante la guerra del Peloponeso. A Esparta se le unió Tebas, y juntos derribaron la ciudad de Mantinea como medida disuasoria para otros aliados descarriados.

Esparta emprendió una despiadada venganza contra otros antiguos aliados débiles. Mientras tanto, en Esparta, se produjo una crisis demográfica. Debido a las guerras Greco-Persas, la guerra del Peloponeso y la guerra de Corinto, un buen número de espartanos había perecido en combate. Los extranjeros no podían convertirse en ciudadanos espartanos de pleno derecho, por lo que el número de verdaderos espartanos dependía de la capacidad de procreación de los espartanos restantes. Mientras tanto, la población helota seguía creciendo.

Con el tiempo, el debilitamiento de la población espartana afectó al tamaño del ejército espartano promedio. Esto marcó el principio del fin de la ciudad-estado más poderosa de la Grecia clásica.

La era de Tebas

"Hermanos en Peligro"

La Paz de Antalcidas, que puso fin a la guerra de Corinto, liberó a toda Beocia del control tebano. Entre las condiciones del tratado figuraba la liberación de todos los estados griegos autónomos que se habían visto obligados a convertirse en vasallos en el transcurso de la guerra de Corinto. Así, Tebas sufrió una doble derrota. Sus tropas habían sido humilladas en la batalla de Coronea por las fuerzas espartanas y, en la mesa de negociaciones, se vieron obligadas a retirarse del control de partes de Beocia.

Cinco años después de la Paz de Antalcidas, Esparta provocó a Tebas por atreverse a darle la mano a Atenas durante la guerra de Corinto. Tebas implosionó con una guerra interna: los oligarcas proespartanos frente a los demócratas proatenienses. Un sangriento golpe de estado expulsó del país a muchos tebanos prominentes y se estableció una oligarquía. La Cadmea, fortaleza histórica de Tebas e importante ciudadela, fue guarnecida por tropas espartanas en el año 382 a. C.

Esta repentina ocupación de Tebas fue sorprendente, teniendo en cuenta que los dos estados parecían llevarse bien tras la guerra de Corinto. Los tebanos habían luchado codo con codo contra Mantinea sólo dos años antes. Epaminondas, un excelente soldado y general tebano, había dirigido sus tropas del lado de Esparta durante el sitio de Mantinea. Lo más probable es que los tebanos estuvieran desconcertados ante el repentino cambio de relaciones con Esparta, pero, después de todo, habían estado a su lado durante la guerra de Corinto.

Ahora, fugitivos y expulsados de su propio país, los expulsados tebanos cabalgaron hacia Atenas. Los dirigía un noble caudillo y demócrata llamado Pelópidas. También había luchado con los espartanos en la batalla de Mantinea. Plutarco cuenta que habría perdido la vida de no ser por la oportuna intervención de su amigo Epaminondas:

> "Pelópidas, tras recibir siete heridas en el frente, se desplomó sobre un gran montón de amigos y enemigos que yacían muertos juntos; pero Epaminondas, aunque lo creía sin vida, se puso en pie para defender su cuerpo y sus armas, y luchó desesperadamente, sin ayuda de nadie, contra muchos, decidido a morir antes que dejar a Pelópidas allí tendido. Y ahora él también estaba en una situación lamentable,

habiendo sido herido en el pecho con una lanza y en el brazo con una espada, cuando Agesípolis, el rey espartano, vino en su ayuda desde el otro ala, y cuando toda esperanza estaba perdida, los salvó a ambos".

La oligarquía de Tebas sólo duró tres años antes de ser derrocada por los demócratas exiliados. Sabiendo que los espartanos volverían pronto, incitaron a los guerreros de Tebas a luchar por la soberanía de su país y recuperar la Cadmea. Los tebanos marcharon hacia Cadmea y la sitiaron.

La lucha fue encarnizada, pero los espartanos que se encontraban dentro de la Cadmea aceptaron rendirse si podían salir ilesos. Como los tebanos querían evitar los refuerzos espartanos, aceptaron. Se especula que si los tebanos no hubieran aceptado, probablemente habrían sido derrotados. Los espartanos en retirada se encontraron con la tropa de refuerzo de camino a casa.

Los reyes espartanos, Agesilao II y Cleómbolo I, siguieron avanzando en Beocia y enemistándose con Tebas. Atenas acabó convirtiéndose en aliada de Tebas y, en el año 378 a. C., la guerra Beocia (también conocida como guerra Tebana) pasó a primer plano.

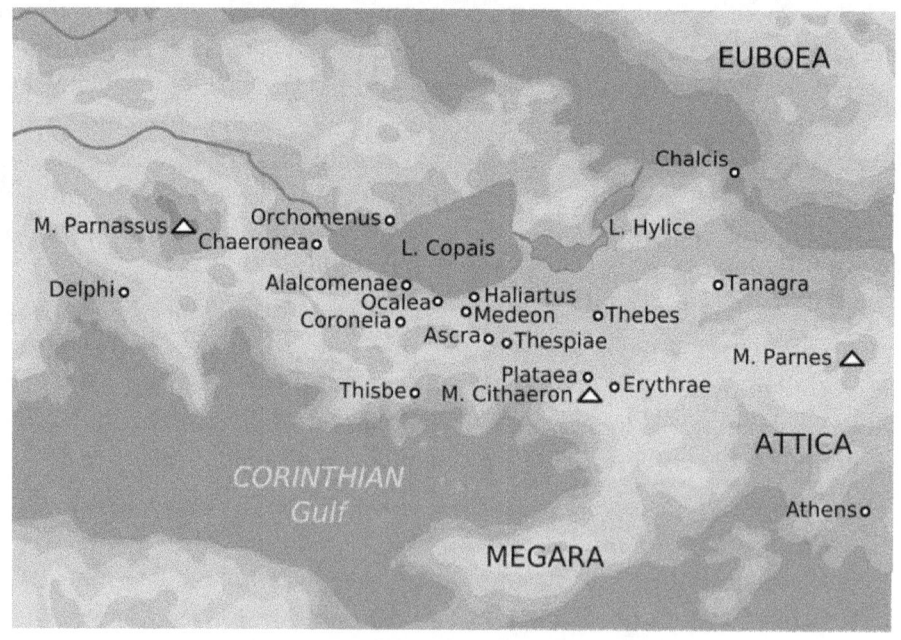

Aspecto de Beocia durante esta época[18]

Esparta estaba preparada como nunca, pues no era la primera vez que se formaban alianzas en su contra. Tebas y Atenas ya habían puesto a prueba la fuerza de Esparta en el pasado y se habían desangrado por ello. Por lo que a los espartanos les importaba, la guerra Beocia podía prolongarse otros cincuenta años.

Sabían que lograrían la victoria. Pero, ¿tenía la historia algo más en mente para ellos?

La batalla de Leuctra

Corría el año 371 a. C., siete años de la guerra Beocia. Siete años de matanzas aparentemente interminables. El suelo griego estaba empapado de sangre, pero ni vencedores ni vencidos habían salido victoriosos.

Tebanos y atenienses ya no se llevaban bien. Los tebanos habían tomado Platea en 373, lo que disgustó mucho a Atenas. También estaba claro para Atenas que Tebas pretendía crear una confederación beocia y, con el tiempo, desafiar el dominio político de Esparta, algo que probablemente estaban ansiosos por evitar.

Aunque se formó una conferencia de paz, nada salió de ella. Epaminondas insistió en firmar por toda Beocia en lugar de sólo por Tebas. Esto molestó tanto al rey Agesilao que retiró el nombre de Tebas del tratado. No hace falta decir que el tratado no se firmó. Tebanos y espartanos abandonaron la conferencia de paz con la determinación renovada de llevar la guerra hasta el final.

El rey Cleómbolo de Esparta reunió a unos once mil hoplitas espartanos y mil soldados de caballería. Dirigió la marcha hacia una pequeña ciudad de Beocia situada junto al golfo de Corinto. Los tebanos no previeron este movimiento, por lo que se apresuraron a bloquear a las tropas espartanas en Leuctra.

Aquí, sin que los tebanos ni los espartanos lo supieran, se haría historia.

El general tebano a cargo de esta lucha no era otro que Epaminondas, y había seleccionado un interesante escuadrón para asegurar el ala izquierda. Era la Banda Sagrada de Tebas. La banda estaba compuesta por trescientos hombres tebanos. Más concretamente, la Banda Sagrada se componía de 150 parejas, una mayor y otra menor. En el texto filosófico *Simposio* de Platón, éste da a entender que los hombres de la Banda Sagrada eran los mejores guerreros porque luchaban con denuedo para proteger a sus amantes.

Epaminondas no se parecía en nada a los generales de guerra que los espartanos habían encontrado en el pasado. Su estrategia consistía en atacar al rey espartano y a los hombres más fuertes de su ejército. Leuctra era el lugar perfecto para ello, ya que no había obstáculos de la naturaleza ni impedimentos para la ejecución de su estrategia.

Toda Grecia sabía que la fuerza espartana residía en la falange, y la falange espartana tradicional tenía un largo muro de diez a doce filas de profundidad. Epaminondas se desvió de la norma y ordenó una falange más estrecha, de cincuenta filas de profundidad. También colocó a la Banda Sagrada y a la infantería ligera por delante de la falange para romper las líneas espartanas. Desconcertado por las tácticas de Epaminondas, Cleómbolo ordenó a la caballería espartana que saliera al frente, exponiendo el ala izquierda al ataque.

Los tebanos no desaprovecharían esta oportunidad por nada del mundo.

Los hombres de la Banda Sagrada demostraron su temple contra la caballería espartana y la hicieron retroceder a su posición original. Esto rompió la línea defensiva espartana y los tebanos la traspasaron, enviando ondas de choque a las tropas del rey Cleómbolo.

La falange espartana de doce filas no pudo resistir a las cincuenta filas de Epaminondas. Cuatrocientos de los mejores soldados de Esparta cayeron en la batalla, incluido el rey Cleómbolo.

En total, los espartanos perdieron entre mil y cuatro mil hombres. Los tebanos, por su parte, perdieron entre menos de cien y unos trescientos hombres de sus seis mil efectivos originales. Fue una victoria monumental para Tebas y la peor derrota que Esparta había sufrido en toda su historia.

La noticia se extendió desde el campo de batalla hasta las puertas de la ciudad y todas sus calles. La invencible Esparta, que acababa de ser derrotada por la desvalida Tebas, podría no ser tan invencible después de todo.

Las consecuencias de la guerra

Epaminondas y su ejército tebano habían salvado Beocia, pero la guerra aún no había terminado. El invierno llegó rápidamente aquel año, pero no fue suficiente para impedir que los ansiosos tebanos marcharan hacia el sur. Allí, lanzaron ataques coordinados contra el Peloponeso, clavando una lanza en el mismo corazón de Esparta.

Dentro de las murallas de Esparta, los helotas se habían enterado de la derrota de sus amos y habían iniciado otra revuelta. Por primera vez, el destino estaba de su lado. Encontraron un salvador en Epaminondas, y cientos de miles de helotas fueron liberados de la opresión espartana. Se restableció su hogar ancestral, Mesenia, y se construyeron fortalezas para repeler futuras agresiones espartanas. Siglos después de la primera guerra Mesenia, los helotas ya no eran esclavos. Podían vivir como hombres y mujeres libres en su propia tierra. No tenían que mirar por encima del hombro por la noche ni trabajar como esclavos todo el día para los espartanos.

Epaminondas se trasladó a las partes de Arcadia que habían estado durante mucho tiempo bajo los pies de Esparta y las declaró independientes. Cuarenta de estas ciudades se unieron y formaron una nueva Liga Arcadia, y se comprometieron a mantener a raya a los espartanos. Estos arcadios, junto con los tebanos, fundaron una capital llamada Megalópolis.

Esparta estaba prácticamente acabada como superpotencia en Grecia. Pero comparada con sus siglos de poder sin parangón en Grecia, la recién descubierta supremacía tebana fue irrisoriamente efímera.

Epaminondas y la hegemonía tebana

A pesar de las increíbles hazañas que realizó para Tebas, incluso un hombre como Epaminondas tenía detractores en casa. Tras estabilizar el sur del Peloponeso a favor de Tebas, regresó a casa para ser juzgado y con una petición aprobada para su destitución como boeotarca, un oficial jefe de la Liga Beocia.

Se lo acusó de descuidar sus obligaciones y de obsesionarse con los asuntos exteriores para sus propios fines egoístas. Esto era absurdo, teniendo en cuenta que se había ausentado por el bien de su país, pero Epaminondas sabía leer entre líneas.

Procedía de una familia aristocrática pobre y había llegado a la cima de la política tebana con sangre y sudor. No se rendiría sin luchar.

Soportó un arduo juicio ante el consejo tebano y, al final, se le concedió la libertad y fue reelegido boeotarca. En 369 a. C., Epaminondas continuó sus misiones militares en el Peloponeso. Al año siguiente, vio cómo su amigo Pelópidas era liberado de su cautiverio en Tesalia, al norte.

Durante los años siguientes, se concentró en someter a Esparta y ganar más aliados. Sin embargo, finalmente tuvo que hacer frente a la otra gran potencia: Atenas. Puede resultar algo sorprendente oír que Atenas apoyaba a Esparta, pero Tebas se estaba convirtiendo rápidamente en una superpotencia. Esto era algo que Atenas no podía ignorar.

El principal objetivo de Epaminondas era Bizancio y, en el año 364 a. C., incendió todos los rincones del imperio con levantamientos contra Atenas.

Las ciudades-estado griegas del Peloponeso que se habían aliado con Tebas se encontraron en la misma situación que antes. Al igual que Atenas y Esparta, Tebas pretendía socavar su independencia y convertirse en hegemón de Grecia. Las ansias de poder de cualquier estado en su época dorada parecían no tener fin, pero las ciudades-estado griegas no permitirían que Tebas se desbocara.

En uno de sus últimos actos como rey, Agesilao de Esparta se dirigió a algunos de sus antiguos aliados, incluida Atenas, para que se unieran a él en una misión para mantener a Tebas bajo control. Tebas había disgustado a muchas ciudades-estado griegas, y ¿qué mejor lugar para expresar su descontento que el campo de batalla?

Ésta se llamó la batalla de Mantinea.

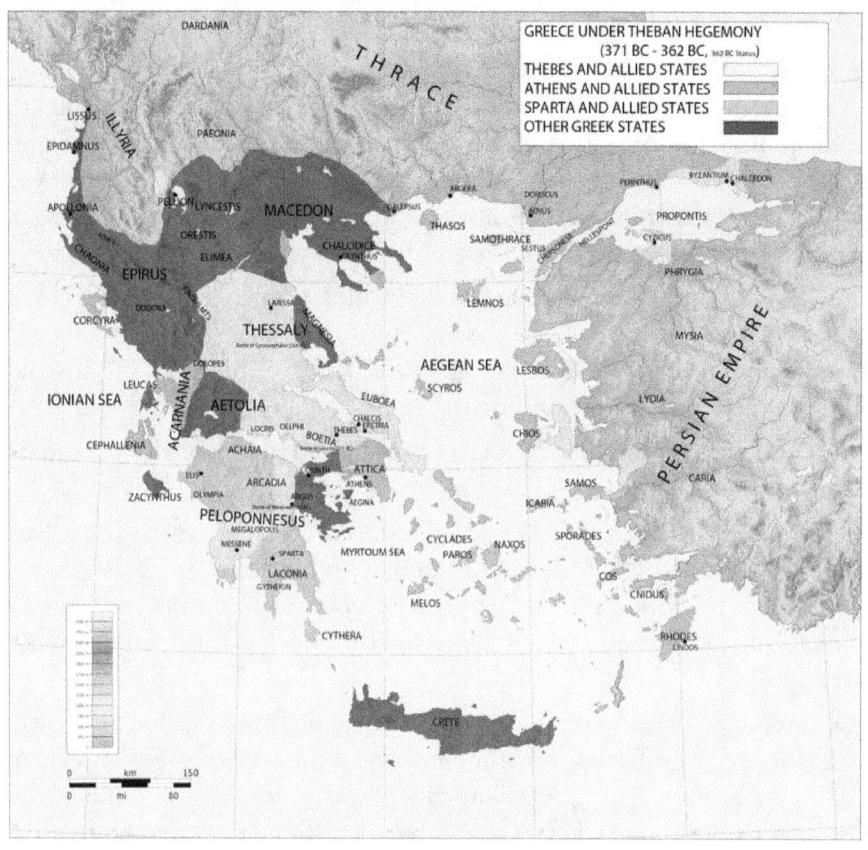

Tebas en la cumbre de su poder[19]

En el verano del 362 a. C., Esparta, Atenas, Elis y Mantinea -una fuerza combinada de veinte mil hombres- marcharon contra los de la Liga Beocia, liderada por Tebas. En total contaban con unos treinta mil hombres.

El rey Agesilao II había aprendido mucho de la derrota y muerte de su colega, Cleómbolo, en la batalla de Leuctra, lo suficiente como para que los espartanos hirieran mortalmente a Epaminondas con una punta de lanza. Sin embargo, los espartanos perdieron la batalla cuando las tropas de Mantinea huyeron del lugar, dejándolos en inferioridad numérica y vulnerables.

Epaminondas fue trasladado rápidamente fuera del campo, pero los médicos no pudieron salvarlo. Mientras se desangraba, Epaminondas dirigió una última advertencia a su pueblo: debían hacer las paces con sus enemigos y centrarse en el desarrollo de Tebas.

Epaminondas falleció, y su muerte fue llorada por los guerreros de Tebas. El historiador griego Diodoro cita a Epaminondas como uno de los más grandes hombres de su época:

> "Pues me parece que superó a sus contemporáneos... en destreza y experiencia en el arte de la guerra. Porque entre la generación de Epaminondas había hombres famosos: Pelópidas el Tebano, Timoteo y Conón, también Chabrias e Ifócrates... Agesilao el Espartano, que pertenecía a una generación un poco más antigua. Aún antes que éstos, en tiempos de los medos y los persas, estaban Solón, Temístocles, Milcíades, Cimón, Mirónides, Pericles y algunos otros en Atenas, y en Sicilia Gelón, hijo de Deinomenes, y otros más. De todos modos, si compararas las cualidades de éstos con el generalato y la reputación de Epaminondas, encontrarías que las cualidades que poseía Epaminondas eran muy superiores".

Desgraciadamente, parece que cuando Epaminondas murió, se llevó consigo las posibilidades de que Tebas dominara Grecia con éxito. Esto se debió posiblemente a que sus sucesores también habían muerto en la batalla, dejando a Tebas sin nadie al timón.

La influencia de Tebas menguó y, mientras los espartanos luchaban por volver, Atenas resurgió lentamente para ocupar el sillón de poder de Grecia. Tebas no se opuso, pero sin Epaminondas, las cosas nunca volverían a ser iguales para la ciudad-estado.

El caos se apoderaría de Grecia y, hasta la muerte del rey Agesilao, Esparta permanecería atrapada en las sombras de la oscuridad.

El espectador

Durante todo este tiempo, cierto miembro de la realeza de un pequeño reino del norte de Grecia había estado observando el desarrollo de la saga. Se trataba de Filipo, más tarde conocido como el rey Filipo II de Macedonia.

Macedonia no era ajena a Atenas ni a Esparta, y Filipo ambicionaba tener influencia desde el Egeo hasta el Imperio persa.

Mientras el resto del mundo se distraía con las actividades de Tebas y Atenas, él fortaleció su reino, del que se apoderó en el año 359 a. C. Tras sus conquistas de partes de Grecia, como Anfípolis, Potidea y Metone, uno de los consejeros del rey Filipo sugirió la unificación de Grecia contra Persia, como en los viejos tiempos.

Atenas, Corinto y Tebas se opusieron con vehemencia a ser peones en el juego de poder del rey Filipo. A estas alturas, la idea de una «Grecia unida» ya estaba muy extendida, y al parecer nunca tuvo un final feliz. Las ciudades-estado de Beocia y el Peloponeso también se negaron a unirse a Macedonia, pero el rey Filipo no se lo pidió amablemente.

Tras su aplastante victoria en la batalla de Queronea en agosto del 338 a. C., las ciudades-estado griegas que habían rechazado al rey Filipo se vieron obligadas a aceptarlo. Ese año, creó una nueva liga de ciudades-estado griegas bajo su mando: la Liga de Corinto.

El rey Filipo había elegido el momento perfecto para emerger como una figura formidable en la política de Grecia, pero hubo otro estado que se opuso a unirse a su liga. No era otro que Esparta, el león herido de Grecia.

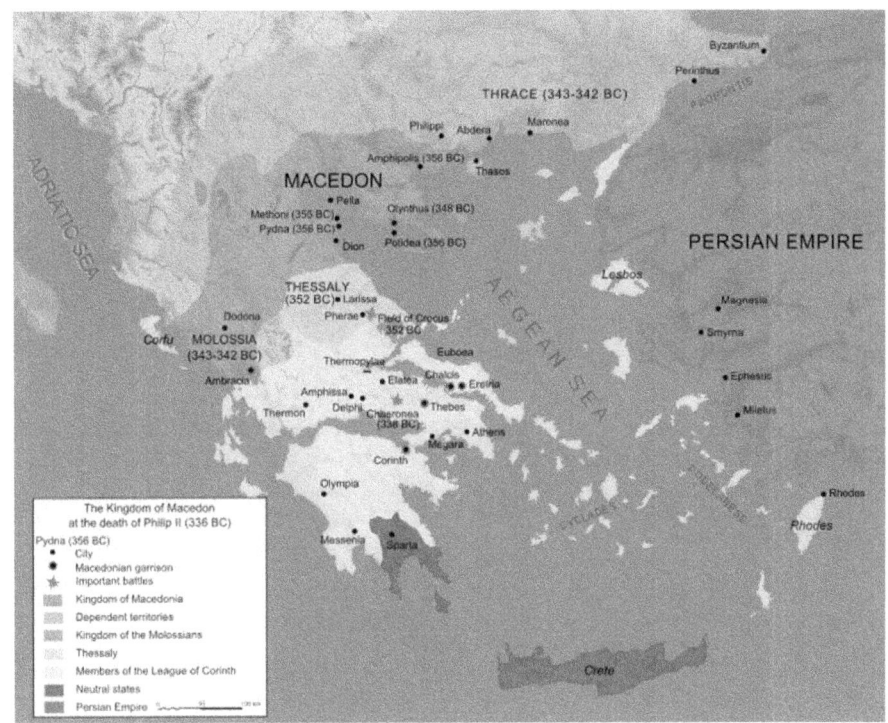

Aspecto de Macedonia a la muerte de Filipo II en el año 336 a. C.[30]

Desde la batalla de Queronea hasta su asesinato en 336 a. C., Filipo no consiguió que Esparta se uniera a la Liga de Corinto. A su muerte, su hijo, Alejandro Magno, subió al trono y partió hacia Asia para continuar el legado de su padre.

Antes de su viaje, Alejandro le encargó a su regente, Antípatro, que también había servido a su padre, que se ocupara de los obstinados espartanos. Habían desafiado a su padre y lo habían desafiado a él negándose a unirse a la liga.

Esparta, gobernada ahora por el nieto de Agesilao II, Agis III, había buscado la ayuda de Persia para librarse de la influencia macedonia. Aunque los persas querían ayudar, no podían disponer de muchos hombres, ya que estaban lidiando con sus propios problemas macedonios. Esparta también le pidió ayuda a Atenas, pero ésta se negó.

Antípatro condujo a unos cuarenta mil hombres de Macedonia a la guerra contra los veintidós mil de Esparta. Los ejércitos chocaron en Megalópolis en el año 331 a. C. La guerra empezó con buen pie para los espartanos. Sin embargo, a mitad de camino, el número de macedonios se impuso y los espartanos fueron derrotados.

El rey Agis ordenó a sus hombres que se retiraran y, como consecuencia, Esparta se integró en la Liga de Corinto, sumiéndola cada vez más en el olvido político.

¿Quién podría salvarla?

Capítulo 12 - Intentos de restauración y colapso

Tras más de una década siendo utilizada para sus campañas de expansión política, la Liga de Corinto murió en el 322 a. C., un año después de que Alejandro Magno pereciera.

Para entonces, Esparta hacía tiempo que había perdido su lugar como potencia de Grecia. Excepto quizá Agis III, los reinados de los reyes euripóntidas posteriores a Agesilao II fueron bastante discretos. Esparta estaba ausente de las fronteras de la política griega, y los espartanos vieron poco del protagonismo que habían tenido sus antepasados.

Tal vez fuera lo mejor. Un gran poder conllevaba la pesada carga de mantenerlo, y muchas veces era a costa de la paz. Esparta permaneció inmóvil, sobreviviendo a las glorias del pasado y con la vaga esperanza de que algún día la suerte cambiara a su favor.

Esto alimentó las esperanzas de un joven de ojos brillantes que ascendió al trono espartano en el año 245 a. C.

El rey Agis IV de Esparta

Plutarco narra que Agis IV nació en el privilegio. Su madre y su abuela eran las mujeres más ricas de toda Esparta. Su padre, que había sido rey antes que Agis IV, tuvo un reinado mediocre, aunque seguramente le dio a su hijo una vida y una educación decentes.

De niño, Agis IV estaba fascinado por las obras de Licurgo. La Esparta en la que había nacido no se parecía en nada a la Esparta de Licurgo que aparecía en los antiguos textos. La agogé estaba muy mermada, y su familia acaparaba riquezas mientras las deudas asolaban a la clase media trabajadora. Los espartiatas (ciudadanos de Esparta) eran apenas setecientas personas, y seiscientas de ellas vivían en la pobreza.

Agis IV se convirtió en rey a la edad de veinte años. O no se había sometido a la agogé o aún estaba en formación, siendo lo primero lo más probable debido a su debilitado estado. Esparta se ahogaba en el abandono colectivo de sus muchos reyes mediocres. En su celo juvenil, Agis IV estaba decidido a restaurar Esparta reactivando la economía y las perspectivas sociales de la ciudad y de su pueblo. Su programa tenía cuatro vertientes, con el objetivo final de lograr la Esparta de la que escribió Licurgo en sus relatos.

El rey Agis IV consultó con su madre, que se negó a patrocinar sus reformas con su fortuna, hasta que su hermano y tío del rey, Agesilao, intervino. Como la mayoría de los espartanos del siglo III, Agesilao, a pesar de poseer grandes propiedades, estaba sumido en las deudas cuando se enteró de las reformas del rey.

Una de ellas era la condonación de la deuda.

La reforma agraria y de la deuda

A los pocos meses de reinado, el nuevo rey espartano promulgó un decreto por el que se cancelaban todas las deudas de los espartiatas y de los no ciudadanos (*perioikoi*). Esto fue recibido con alegría y alabanzas al rey por los empobrecidos ciudadanos de Esparta.

Como parte de la reforma, el rey Agis IV, al igual que Licurgo, propuso la redistribución de la tierra. La tierra se dividiría en partes iguales que se entregarían a los espartiatas, a los antiguos espartiatas y a los perioikoi.

Desde la liberación de muchos helotas mesenios tras la batalla de Leuctra, los perioikoi se habían convertido en mayoría en Esparta, pero el perioikoi promedio no poseía tierras. Todo eso estaba a punto de cambiar.

La élite espartana refunfuñó ante la noticia, pero cuando los éforos, encabezados por el amigo del rey, Lisandro (descendiente del famoso Lisandro que participó en la batalla de Egospótamos), aprobaron la propuesta del rey, no pudieron protestar. Además, el rey y su familia tuvieron que desprenderse también de sus propiedades, predicando con el ejemplo.

A pesar de todo, Leónidas II, el rey Agiad de Esparta y co-rey de Agis IV, se opuso a las reformas. Leónidas había adquirido mucha riqueza y, a diferencia del rey Agis IV, no estaba dispuesto a desprenderse de ella.

Los intentos de Leónidas de mover los hilos en el foro espartano contra Agis IV fracasaron, lo que provocó su destierro del trono. Fue sustituido por su yerno, Cleómbolo II.

Un castillo de naipes

La cancelación de las deudas y la reforma agraria eran sólo algunas de las medidas que Agis tenía previstas para Esparta. También quería restablecer el agogé y los comedores, que habían contribuido a igualar a la población. El tío de Agis, Agesilao, le aconsejó que hiciera primero la reforma más fácil.

Un día, el pueblo de Esparta se reunió alrededor de una hoguera en el mercado. Allí se quemaron todos los registros de deudas: bonos, títulos y documentos relacionados. Las deudas del pueblo habían sido anuladas. El rey fue alabado por cumplir su promesa, y Agis debió de contemplar feliz a su pueblo, sabedor de que lo había ayudado.

Desgraciadamente, no llegaría más lejos. Tras utilizar a su sobrino para eliminar sus deudas, Agesilao se convirtió en una traicionera espina clavada en el costado del rey Agis.

Una vez que el rey estuvo en guerra en el año 241 a. C., Agesilao manipuló al foro espartano para retrasar la reforma agraria. Las masas se quejaron amargamente, pero el rey Agis estaba en guerra, habiendo confiado los asuntos del estado a las personas equivocadas.

Su amigo Lisandro ya no era éforo y no quedaba nadie en el gobierno espartano dispuesto a defender las reformas del rey. En su lugar, el desterrado Leónidas II fue reinstalado como rey agiado de Esparta. Cleómbolo, que había sido nombrado rey con el apoyo de Agis, huyó de Esparta.

Las reformas del rey Agis fueron rechazadas antes de que regresara a Esparta y, a su llegada, fue arrestado y detenido. Los éforos corruptos y Leónidas lo declararon rápidamente culpable de tiranía, y fue ejecutado allí mismo. Su madre y su abuela también fueron asesinadas en ese momento.

En el tiempo que tardó el pueblo de Esparta en acudir a las puertas de la prisión, el rey Agis IV ya estaba muerto. Los campesinos espartanos vieron desvanecerse ante sus ojos toda esperanza de poseer tierras. El futuro de Esparta volvía a ser oscuro y sombrío.

El rey Agis IV, al morir, sólo había gobernado Esparta unos cuatro años. La historia lo recordaría como una clavija redonda en un agujero cuadrado, un rey demasiado blando para los tiempos difíciles y demasiado confiado para ocupar el trono de Esparta.

Su vida, tristemente corta, demostró que para ser rey de Esparta hacía falta algo más que buen carácter, notable brillo y nobles intenciones.

Cleómenes III de Esparta

Leónidas, el rey que había incitado a los éforos a asesinar a su igual, el rey Agis IV, sería recompensado por el destino de dos maneras. En primer lugar, su hijo, Cleómenes III, continuaría el legado del rey Agis para reformar Esparta y, en segundo lugar, Cleómenes sería uno de los últimos del linaje de Leónidas (el linaje Agiad) en sentarse en el trono espartano.

Tras enterarse del papel de su padre en la ejecución de Agis IV, Cleómenes, que entonces tenía dieciocho años, volvió a casa de un viaje de caza. Las acciones de su padre desde antes de ser desterrado y después de su reinstauración eran despreciables, pero el joven príncipe no estaba en posición de hablar sobre ello.

Cleómenes llegó a casa y se encontró con un ambiente bastante festivo. Había comida y vino, y los sirvientes estaban preparando el palacio para un gran acontecimiento. El curioso príncipe le preguntó a su padre de qué se trataba y se enteró de que era una boda, y no una boda cualquiera, sino la suya propia.

Iba a casarse con Agiatis, reina de Esparta y viuda de Agis. El príncipe no podía comprender la crueldad de su padre. Protestó débilmente contra el matrimonio, pero al final del día ya estaba casado.

Su matrimonio fue por conveniencia, ya que la reina viuda era una mujer rica. Sin embargo, con el tiempo, la pareja llegó a sentir afecto el uno por el otro.

Siete años después, el rey Leónidas murió misteriosamente, y el príncipe Cleómenes ascendió al trono como rey agiado de Esparta en el 235 a. C.

Una barrida limpia

Si algo había aprendido Cleómenes III del caído rey Agis IV era que un rey necesitaba poder para efectuar cambios reales. En primer lugar, tenía que hacer frente al poder incontrolado del Eforato Espartano. Una institución que podía condenar a muerte a un rey de forma tan cruel era potencialmente peligrosa para su reinado.

En el sexto año de su reinado, Cleómenes, recién salido de una sangrienta batalla que había durado cinco años, ordenó el asesinato de los cinco éforos de Esparta. Cuatro murieron en un ataque sorpresa, y el quinto huyó para salvar la vida, sin que se volviera a saber de él.

Sin éforos que desafiaran su autoridad, Cleómenes III inició su reforma de Esparta, a la que no se opusieron sus correligionarios de la dinastía Euripóntida.

En primer lugar, el proyecto de redistribución de tierras que había iniciado Agis IV vio por fin la luz. Fue un día histórico para el pueblo de Esparta, especialmente para los esforzados perioikoi. El rey concedió la ciudadanía a los más valientes, lo que permitió que la población ciudadana de Esparta por fin aumentara.

A continuación, Cleómenes reformó la lisiada agogé, que había sido la base de la reputación militar de Esparta en el pasado. Una vez más, los ciudadanos seguirían el ejemplo de sus antepasados enviando a sus jóvenes a la agogé. Los adultos se purgarían de materialismo y volverían a la vida comunal, comiendo juntos en los comedores y haciendo contribuciones financieras al estado.

Para el ejército espartano, Cleómenes hizo entrenar a cuatro mil hoplitas espartanos a la antigua usanza y ordenó la inclusión de la sarissa en el arsenal de Esparta. La sarissa era una pica creada durante el reinado del rey Filipo II. Como quedó demostrado cuando los macedonios humillaron a Tebas y Atenas en la batalla de Queronea, la sarissa era más letal para las falanges que el doru espartano (un tipo de lanza). Los guerreros espartanos aprendieron a usar la sarissa y se convirtieron en las mejores tropas que Esparta había visto en mucho tiempo.

Cleómenes III dio un paso más para cimentar su poder al deponer al rey Euripóntida y sustituirlo por su hermano, Eucleidas. Esto significa que había dos reyes agiados en el trono de Esparta, y no había éforos que se le opusieran. A diferencia de todos los reyes anteriores, Cleómenes disfrutaría de los siete años que le quedaban de reinado sin oposición, al menos en Esparta.

La Liga Aquea

Cuando Cleómenes III subió al trono espartano en el año 235 a. C., un hombre llamado Arato, procedente de una pequeña ciudad-estado llamada Sición, estaba haciendo progresos políticos en Grecia.

Arato era el líder de la Liga Aquea, una confederación de estados griegos del Peloponeso que se unieron para hacer frente a los sedientos de poder macedonios. Esparta se había aliado con la Liga Aquea bajo el reinado de Agis IV, pero tras su trágica muerte, Arato no estaba seguro de cuál era la posición de Esparta.

Cleómenes no tenía intención de reconocer a Arato ni a su Liga Aquea. En su lugar, se centró en ampliar las fronteras de Esparta invadiendo Arcadia. Los arcadios, alarmados por ser el blanco de la nueva campaña de Cleómenes, pidieron ayuda a la Liga Aquea.

Cuando quedó claro que el rey Cleómenes III no cooperaría con la Liga Aquea, Arato le declaró la guerra a Esparta. Esto dio comienzo a la guerra de Cleómenes.

Aspecto de Grecia en torno al año 228 a. C.[11]

En esta guerra, Esparta y Elis se enfrentaron a la Liga Aquea. Arato y Cleómenes libraron muchas batallas, pero Esparta obtuvo múltiples victorias. Cansado de ser derrotado, Arato solicitó la ayuda de Macedonia. El rey macedonio, Antígono III Dosón, accedió a ayudar a Arato a cambio de una fortaleza estratégica bajo su control.

Era un precio muy alto, pero Arato estaba desesperado por derrotar a Cleómenes y a los espartanos. Así que aceptó.

Este pacto con Macedonia le costó a Arato muchos aliados en la Liga Aquea. Arato había dejado que su obsesión por ganar la guerra nublara su juicio, pero fue bien recompensado por Macedonia. En el 222 a. C., el rey Antígono de Macedonia marchó al paso de Sellasia, cerca de Esparta. Allí, los macedonios y los aqueos aplastaron al ejército espartano y mataron al hermano y co-rey de Cleómenes, Eucleidas.

Cleómenes escapó por los pelos y huyó a Alejandría, en Egipto, donde tenía un viejo amigo: Ptolomeo Euergetes. Desgraciadamente, cuando su amigo murió ese mismo año, el nuevo gobernante, Ptolomeo Filopator, detuvo a Cleómenes. Cleómenes escapó del cautiverio en el año 219, pero nadie en Alejandría lo apoyó. Para evitar ser capturado nuevamente, se suicidó. Fue un final trágico para un hombre que tenía grandes sueños para Esparta.

Tras la muerte del rey Cleómenes, subió al trono Agesípolis III, nieto de Leónidas II. Sería el último rey Agiado. La frágil Esparta se hundió en la anarquía, y varias facciones se disputaron brutalmente el trono de Esparta hasta que un regente llamado Nabis se hizo con él en 207 a. C.

El rey Nabis reinó durante quince años. Fue muy querido por algunos, ya que expulsó a los codiciosos aristócratas y redistribuyó sus riquezas. También concedió la ciudadanía a más no espartanos para aumentar la población espartana y reconstruyó la armada espartana. Para otros, era un tirano acaparador de tierras con ambiciones imperialistas poco realistas.

Esparta ya no tenía lo que había que tener para construir un imperio, pero el rey Nabis no se amilanó en su empresa. Al igual que el rey Cleómenes III, despreciaba a la Liga Aquea y entró en conflicto con ella, aunque a menudo fue derrotado.

El rey Nabis de Esparta tendió una mano de amistad al rey Filipo V de Macedonia, ya que tenían un enemigo común: los aqueos. Este genial juego de poder le valió el control de Argos, enemiga de Esparta desde hacía mucho tiempo. Cuando Macedonia fue derrotada por Roma en las guerras Macedónicas, el rey Nabis se vio obligado a renunciar a Argos.

Nabis lo había visto venir y desertó sutilmente a Roma, lo que contribuyó a reducir sus pérdidas. Su alianza con Roma duró poco debido a sus ambiciones de expandir el poder espartano a los territorios romanos de Grecia.

El rey Nabis fue asesinado en su propia ciudad por hombres en los que había confiado como aliados y, por primera vez en la historia, la antigua Esparta se convirtió en un estado vasallo. Nunca más volvería a saborear la independencia.

Cuarta parte:
Vida y estructura social espartanas

Capítulo 13 - La Agogé

La educación constituía un núcleo integral de muchas antiguas civilizaciones, y Esparta no estaba exenta de ello. Nadie se convertía en ciudadano espartano por nacimiento. Sólo los más fuertes y duros se ganaban el derecho a llamarse espartanos y, en el siglo VII a. C., el agogé espartano era el determinante definitivo.

La agogé era el lugar de nacimiento de los mejores guerreros de Esparta, como los valientes trescientos que se enfrentaron a los cientos de miles de Jerjes en las Puertas Calientes de las Termópilas. La agogé era un sistema de educación diferente a cualquier otro que existiera en la Grecia clásica, y aunque sus orígenes son ampliamente debatidos, las historias apuntan a un hombre: Licurgo.

Orígenes

Recordarás a Licurgo de Esparta como el hombre que abandonó su país y su estimada posición política para librarse de las sospechas de traición contra su joven sobrino y futuro rey, Charilao. Viajó por el mundo en busca de exposición y conocimiento, los cuales encontró en abundancia, y luego regresó a casa.

Estos conocimientos serían la base de una nueva sociedad espartana militarista que sacaría a la ciudad-estado de la oscuridad y la situaría en el centro de la escena política.

Licurgo se había dado cuenta de que el primer punto de cambio en cualquier sociedad tenía que ser psicológico. La percepción que el pueblo tenía de sí mismo y de su deber para con su país influiría en los esfuerzos por mantener la Esparta que él imaginaba. ¿Y qué mejor momento para empezar a inculcar valores a un ser humano que la infancia?

Licurgo se puso manos a la obra y surgió la agogé. Era un sistema educativo que se apoyaba más en la actividad física que en la educación basada en libros. Desempeñaría un papel importante en el glorioso futuro de Esparta, lleno de guerras.

Entrar en la Agogé

Cuando nacía un hijo espartano, los ancianos lo sometían a una minuciosa inspección. Si era enfermizo o deforme, no era admitido en el agogé. Plutarco da a entender que tales niños eran descartados o dados por muertos en una cueva o incluso arrojados desde una montaña, pero esto no ha sido demostrado. Muerto o no, la deformidad o la mala salud descalificaban a cualquier niño para entrar en la agogé.

Si estaba sano, el niño era devuelto a su madre para que lo cuidara y criara hasta que cumplía siete años. Esa edad marcaba la separación del niño de su madre y una larga y brutal iniciación a la edad adulta.

Entrar en el agogé era el mayor honor que podía recibir un niño en Esparta, y por duro que debiera haber sido para muchas madres, no podían oponerse a que se llevaran a sus hijos, a veces para no volver jamás.

La exclusividad era un principio intencionado de la agogé, teniendo en cuenta que la Esparta clásica albergaba tres clases de griegos. En la cúspide de la cadena social estaban los espartiatas, los ciudadanos de Esparta cuyos hombres eran guerreros. En la base estaban los helotas, esclavos y siervos de los espartiatas. Ni los helotas ni la tercera clase, los perioikoi (artesanos, mercaderes y pequeños comerciantes no ciudadanos) podían participar en las agogés, por mucho que lo desearan. Sólo los espartiatas estaban reconocidos por la ley espartana para participar en el agogé. En algunas ocasiones, los hijos de extranjeros de alto rango fueron aceptados en la agogé, siendo Jenofonte de Atenas uno de ellos.

Sobrevivir

Sin duda, la primera noche en el agogé habría sido dura para muchos chicos, incluso para los que la habían previsto desde hacía tiempo. La realidad era más cruel que cualquier expectativa, y por cada grupo de muchachos que se llevaban de casa, algunos no sobrevivían. Caerían, ya fuera por el látigo, por inanición o por agotamiento, y entonces serían enterrados y olvidados. No había lugar para la "debilidad" en la agogé, ni en Esparta.

Paides

Al llegar a la agogé, a los muchachos les afeitaban la cabeza y les quitaban los zapatos. La agogé era tan austera que cosas como el calzado y el peinado eran un lujo. Los chicos llevaban la cabeza y los pies desnudos en todo momento y en todas las estaciones, soportando todas las incomodidades para llegar a ser duros y ágiles.

A continuación, los chicos se dividían en grupos de edad. Los novatos solían tener siete años, aunque algunos sólo cinco, y se organizaban en grupos supervisados por adultos, conocidos como paides.

Los paides tenían entre cinco y doce años, y recibían educación básica en lectura, escritura y, posiblemente, aritmética. La educación formal de la Esparta clásica suele valorarse como breve pero significativa. A los niños se les enseñaba a tocar la flauta, a cantar canciones de guerra tradicionales y a bailar una danza intrigante llamada Pyrrhichios.

El Pyrrhichios era una danza de guerra muy popular en las fiestas de la antigua Grecia. Los espartanos la utilizaban para entrenar a sus jóvenes para la guerra. Los chicos bailaban portando las pesadas armas espartanas hasta que su mente y su cuerpo se fundían con sus armas. No es de extrañar que los guerreros espartanos fueran famosos por manejar sus armas con una destreza superior en el campo de batalla.

Dado que los ejercicios físicos constituirían la mayor parte de su educación en los años venideros, los paides realizaban tareas de resistencia y competiciones atléticas de lucha, danzas de guerra y carreras. También era práctica común que los espartanos mayores incitaran a las peleas entre los muchachos. Estas peleas se convertían en feroces combates físicos que hacían a los chicos más duros y fuertes. Desde pequeños, a estos futuros guerreros espartanos se les enseñaba a comer tanto como a hablar: muy poco. Gracias a las reformas de Licurgo, Esparta no era lugar para ser glotón ni hablador. A los paides se los alimentaba con poca comida para domar su apetito y, curiosamente, para fomentar el robo de alimentos. Los muchachos empleaban diferentes tácticas para robar comida para sí mismos. Si eran sorprendidos, se los condenaba brutalmente a sufrir una flagelación en el templo de Artemisa Orthia. Este castigo no disuadía de robar, sino de ser lo bastante malo como para ser descubierto.

En su obra *Moralia*, Plutarco cuenta un famoso cuento popular sobre esto conocido como "El niño espartano y el zorro".

"En el caso de otro muchacho, cuando había llegado el tiempo durante el cual era costumbre de los muchachos libres robar todo lo que podían, y era una desgracia no escapar de ser descubierto cuando los muchachos que estaban con él habían robado un zorro joven vivo, y se lo habían dado para que se lo quedara, y los que habían perdido el zorro vinieron en su busca, el muchacho casualmente había deslizado el zorro bajo su ropa. La bestia, sin embargo, se volvió salvaje y le devoró el costado hasta los órganos vitales; pero el muchacho no se movió ni gritó, para evitar ser descubierto, y cuando se hubieron marchado, los muchachos vieron lo que había sucedido y lo culparon, diciendo que habría sido mejor dejar ver el zorro que esconderlo incluso hasta la muerte; pero el muchacho dijo: "No es así, pero mejor morir sin ceder al dolor que por ser detectado a causa de la debilidad de espíritu ganar una vida para ser vivida en desgracia".

A los paides se les enseñaba a elegir la muerte antes que la deshonra y a responsabilizarse de sus actos. La agogé era un lugar donde se los despojaba -literalmente- del orgullo, el egoísmo y el miedo.

En cuanto a la forma de hablar, los paides aprendieron que un verdadero espartano hablaba muy poco. La palabra "lacónico" tiene su origen en "Laconia", el lugar de nacimiento de los espartanos, y su significado implica hablar de forma concisa. Los paides también conocieron el humor espartano, irreverente e ingenioso, y cómo tomárselo de buen gusto.

A los doce años, los chicos se reagrupaban como paidiskoi y su entrenamiento físico se volvía mucho más intenso y concentrado.

Paidiskoi

Ingresar en el paidiskoi implicaba algo más que sobrevivir a la primera fase de la agogé o simplemente tener la edad suficiente. Un muchacho tenía que sobresalir en su educación básica y en su entrenamiento físico como paide para ganarse la aprobación de los instructores para su ascenso.

La fase paidiskoi marcaba la transición de niño a hombre, y como parte de la bienvenida, a cada niño se le cambiaba su bonita ropa por una capa única. Cuando llegaba el verano, la primavera o el invierno más crudo, los chicos sólo podían vestirse con su capa. No se les daban extras ni repuestos pasado un año.

En esta etapa de la agogé, bañarse y usar ungüentos corporales se convirtieron rápidamente en lujos, y se hacía más hincapié en la necesidad de hablar menos. Como era de esperar, el entrenamiento físico para la guerra y el combate subía varios peldaños, y los castigos por cometer errores pasaban de brutales a fatales. Durante esta etapa morían más niños soldado, quedando sólo los más resistentes para seguir adelante.

Una característica importante de la fase paidiskoi era que fomentaba una relación especial entre los niños y los hombres espartanos mayores (jóvenes adultos). Como una de las reformas de Licurgo, un sistema llamado syssitia obligaba a todos los hombres espartanos a comer en comedores públicos. Los paidiskoi podían unirse a los jóvenes adultos espartanos en las mesas, y se les enseñaba a ver a cada hombre mayor como su padre.

Plutarco infiere que estas relaciones eran a menudo sexuales, pero el ateniense Jenofonte, cuyos hijos también habían pasado por la agogé, lo niega. Según Jenofonte, el proceso permitía crear lazos de hermandad, un vínculo basado en un amor y una lealtad inextinguibles hacia Esparta, así como hacia los compañeros de batalla.

Hebontes

A los veinte años, el aprendiz promedio había soportado las condiciones más extremas y peligrosas de la agogé. Habría aprendido a vivir sin ropa ni zapatos, a hacer su propia cama con juncos que había recogido a mano en el río Eurotas, a manejar la espada y la lanza, a no acobardarse nunca en la batalla y a relacionarse con sus compañeros y superiores.

Estaba en camino de convertirse en un verdadero guerrero de Esparta, pero primero tenía que servir. Con este fin, los hebontes eran enviados a diferentes sectores para demostrar su valía.

Algunos fueron nombrados eirenos, que eran similares a los prefectos. Estos eirenos estaban a cargo de los chicos más jóvenes y llevaban látigos con fines correctivos. No era una responsabilidad menor, ya que los eirenos eran responsables ante sus superiores, los Paidomonos, y otros ancianos.

Otros hebontes eran destinados como cadetes al campo de batalla como tropas de reserva. Para aquellos hebontes que destacaban como paides y paidiskoi, sus instructores podían recomendarles para puestos en la Crypteia espartana.

La Crypteia fue otra de las innovaciones de Licurgo. Se trataba de un sistema policial encargado de mantener bajo control a la enorme población helota mediante masacres rutinarias avaladas por el gobierno. Se los enviaba a espiar y matar a los helotas sospechosos de incitar a la revuelta. Sólo los jóvenes y ágiles espartanos podían unirse a la Crypteia, ya que sus actividades requerían sigilo, camuflaje y rapidez. A los hebontes destinados a la Crypteia se les podían asignar unas pocas o múltiples misiones, dependiendo de su rendimiento.

Como requisito adicional, los hebontes debían formar parte de al menos un grupo de comedor. Estos grupos eran subgrupos sociales en Esparta, y cada grupo tenía obligaciones financieras con el gobierno. Los miembros de estos grupos eran amigos que comían, entrenaban, dormían y luchaban juntos como hermanos. En la fase previa de entrenamiento (el paidiskoi), la agogé permitía a los muchachos mezclarse con estos grupos y determinar cuáles eran los mejores para ellos.

Para ser aceptado en un grupo, había que ganarse la aprobación de todos los miembros. Muchos grupos sólo aceptaban a chicos de buen pedigrí (de familias ricas o famosas) o a chicos que destacaran entre sus compañeros durante el entrenamiento.

Como incentivo para no relajarse demasiado, el sistema de agogé espartano contaba con el castigo más vergonzoso de todos. No se trataba de la flagelación pública, sino de la deselección. Si se descubría que un hebontes era cobarde, débil o no era elegido por ningún grupo de lío, podía ser expulsado de la agogé. En toda Esparta, casi no había mayor deshonra para un joven. Muchos preferían la muerte a una vida de vergüenza, por lo que los hebontes trabajaban duro para ganarse su puesto.

Durante muchos años, los hebontes servirían en cualquier puesto que Esparta considerase oportuno, hasta un glorioso día en que cumplieron treinta años.

Deportes y otros ritos

Esparta no alcanzó la estima que tenía por pura suerte; se trabajó mucho para convertirla en una sociedad de élite. Los espartanos vivían todos los aspectos de su vida según las recomendaciones de Licurgo para una sociedad verdaderamente guerrera. Estaban obsesionados con el aspecto físico y el rendimiento de sus guerreros, de ahí la pervivencia de la agogé ascética.

El Phouxir

Para los espartanos, un niño de doce años era lo bastante mayor para vivir una aventura extrema en la naturaleza.

Un día, se le entregaría una lanza roma y se lo arrojaría a la naturaleza en las condiciones climáticas más desfavorables para que pusiera a prueba su valor e ingenio. Por supuesto, el chico vagaría por la naturaleza descalzo y con una endeble capa como vestimenta. Si tenía la mala suerte de ser enviado en invierno, las probabilidades estaban en su contra y no recibía ningún trato especial.

Este ejercicio se llamaba el phouxir, y todos los niños de la agogé, nobles o plebeyos, no podían escapar de él. Durante varios días y noches, se lo dejaba que se las arreglara solo con su lanza y la determinación de salir con vida. Tendría que cazar o recolectar su propia comida. Los más listos podían robar comida en su camino a la naturaleza, pero no podían ser capturados.

Los robos no tardaron en proliferar entre los muchachos de la agogé, y los ciudadanos de Esparta (especialmente los comerciantes, mercaderes y esposas) tenían que estar en guardia cuando estaban cerca de ellos. A menudo, ni siquiera su vigilancia era rival para la férrea determinación de los muchachos. Generación tras generación, los muchachos de la agogé ideaban durante el phouxir los medios más astutos para llevar a cabo el robo perfecto, y los aldeanos, una vez robados, tenían que soportarlo.

El episkyros

Para el recreo, el sistema de la agogé contaba con un deporte de pelota conocido como episkyros. Era un juego muy popular en la antigua Grecia, pero como era de esperar, los espartanos le añadieron un poco más de violencia. Los tacles para ganar la posesión del balón se convertirían rápidamente en un elemento básico en Esparta, y muchos jugadores resultarían gravemente heridos.

La esencia de este deporte era el trabajo en equipo, una base vital de la falange, la formación de batalla característica de Esparta. Como parte de su entrenamiento, los muchachos de la agogé practicaban este deporte durante los festivales de la ciudad para demostrar su resistencia y su capacidad de funcionar como un equipo imparable.

Los historiadores consideran que este deporte es una de las formas más antiguas del fútbol, pero a diferencia de éste, el balón podía manejarse tanto con las manos como con los pies. También se dice que el episkyros tenía cierto parecido con el juego de pelota japonés cuju.

En un partido de episkyros, los chicos se dividían en dos equipos de doce a catorce jugadores, y cada equipo tenía dos objetivos: pasar el balón por una línea blanca (el skuros) y marcar goles contra el otro equipo, así como defender su lado de la línea contra los goles del otro equipo.

Este juego era más difícil en la práctica. Para superar la línea defensiva del equipo contrario se necesitaba un equipo más fuerte y organizado. Había que taclear para ganar o conservar la posesión del balón, y se requería fuerza bruta para sobresalir en ello.

Cada año, los ciudadanos y otros habitantes de Esparta acudían a ver este partido, animando a sus equipos favoritos en la arena. Aunque era más común entre los chicos de la agogé, las chicas espartanas también practicaban este juego.

El hoplita

Desde la primera noche como paide inexperto hasta la eventual aparición como un verdadero hoplita, no había descanso en la agogé. Era obvio que los muchachos eran instruidos en el arte de empuñar las armas.

El aspis (escudo) espartano era grande y pesado. Llevaba años acostumbrarse a su peso. Las lanzas espartanas eran también inusualmente largas, lo que las hacía excelentes para ataques a corta y larga distancia. A los muchachos de la agogé se les enseñaba a manejarlas con destreza, junto con las espadas.

La coordinación, el aguante, la fuerza y la resistencia eran los rasgos que más se ponían a prueba en la batalla, y un verdadero hoplita podía marcar todas las casillas. Abandonaba el calor del hogar a los siete años y era entrenado para no mostrar piedad en la batalla.

A los treinta años, el estudiante de la agogé podía reincorporarse a la sociedad. Ya no era un niño, sino un guerrero espartano hecho y derecho, roto y forjado a la perfección en el fuego del sistema educativo más arduo del mundo: la agogé.

Capítulo 14 - El gobierno espartano

Liderazgo

El ascenso de Esparta al prestigio político era una cosa; seguir siendo relevante como superpotencia del Peloponeso era otra. Se necesitaría un gobierno superior para asegurar el lugar de Esparta en Grecia. Licurgo fue el genial estadista y creador de la Gran Rhetra, una constitución que guió a Esparta fuera de la Edad Media griega.

Durante su viaje a Creta, Licurgo observó cómo el rey Minos gobernaba a su pueblo. Anhelaba que Esparta tuviera un modelo de gobierno similar. A su célebre regreso a Esparta, Licurgo confirmó su mandato de transformar la estructura política de Esparta desde el Oráculo de Delfos. Entonces, se arremangó y se puso manos a la obra.

Los esfuerzos de Licurgo harían que Esparta se reestructurara en una oligarquía, aunque constaría de múltiples órganos de decisión para reducir los riesgos de tiranía y dictadura. Esparta no era para un solo hombre o rey. El modelo de gobierno de Licurgo lo sobreviviría durante cuatro siglos.

Gerousia: Transición al poder

En la Antigüedad, en particular en Esparta, los ancianos eran venerados como custodios de la sabiduría. Después de haber vivido su juventud al servicio de Esparta en el campo de batalla, los hombres mayores podían formar parte del consejo de ancianos elegido por

Licurgo. No podía formar parte de él cualquier hombre mayor; tenían que haber demostrado su valía como héroes de guerra y campeones.

Este consejo de ancianos, llamado Gerousia, era la máxima autoridad del gobierno espartano. Esta institución es mencionada por primera vez en la obra de Plutarco titulada "Vida de Licurgo", y actuaba como una especie de tribunal supremo, ya que la Gerousia estaba facultada para tomar las decisiones más cruciales que afectaban al estado.

Un hombre debía tener al menos sesenta años para formar parte de la Gerousia, y el consejo de ancianos sólo contaba con treinta miembros, entre los que se encontraban los dos reyes de Esparta. Aunque los puestos en la Gerousia estaban abiertos a cualquier espartiata anciano que cumpliera los requisitos de edad y experiencia bélica, era más fácil que los hombres de familias acomodadas y aristocráticas se hicieran con ellos. Los espartiatas más pobres e impopulares carecían a menudo de los recursos y la influencia necesarios para conseguir los votos del pueblo, por lo que frecuentemente quedaban relegados a un segundo plano durante las elecciones.

Los veintiocho miembros de la Gerousia, aparte de los dos reyes de Esparta, se denominaban gerontes, y su cargo era vitalicio, al igual que el de rey. Cada vez que fallecía un geronte, se abría una vacante. Las elecciones se celebraban en el ayuntamiento. Los hombres de Esparta se reunían y votaban al más calificado (y preferido) para ocupar el puesto.

Para ello, Esparta utilizaba un sistema de votación sencillo y directo: el voto a viva voz. Para ser francos, simplemente gritaban. En aquella época no había dispositivos ni métodos de votación modernos, pero eso no les impidió a los espartanos hacer las cosas. Las elecciones eran presididas por una asamblea de gerontes en ejercicio, que seleccionaban a unos pocos hombres de confianza. Estos hombres se recluían en una habitación vacía cercana a la sala. Estos hombres decidían el ganador de las elecciones, por lo que no se les permitía ver en ningún momento al candidato al que se votaba. De este modo, tomaban una decisión basándose en el nombre que más se gritaba. Aunque este método de votación tenía muchos defectos, se mantuvo en uso durante mucho tiempo.

Para un pueblo tan agresivo como el espartano, es de esperar que sus elecciones fueran ruidosas. En palabras de Plutarco, eran "muy disputadas".

Una vez elegido el nuevo geronte, la Gerousia tendría que ponerse manos a la obra. Cada geronte elegido recibiría una formación exhaustiva para comprender sus funciones y sus límites constitucionales.

La primera responsabilidad de la Gerousia, de acuerdo con la Gran Rhetra, era hacer leyes. Esto era típico de cualquier asamblea legislativa, y a la Gerousia se le encomendaba la elaboración de políticas con el fin de seguir expandiendo Esparta.

El consejo de ancianos también se encargaba de revisar lo que se discutiría en la Apella (asamblea de ciudadanos). Esta era otra de las razones por las que la Gerousia era considerada el órgano legislativo supremo de Esparta. Si la Gerousia consideraba que un asunto era demasiado delicado o innecesario, nunca se podía hablar de él en la Apella. En última instancia, la Gerousia redactaba el orden del día de cada reunión de la Apella.

Durante una reunión de la Apella, los ciudadanos gozaban de derechos constitucionales para tomar algunas decisiones. Con el tiempo, sin embargo, tales resoluciones podían ser anuladas por la Gerousia. Todo lo que tenían que hacer los ancianos para declarar su desaprobación era abandonar la reunión de la Apella, y la decisión en cuestión quedaría anulada.

Los poderes de la Gerousia no eran sólo legislativos. El consejo también estaba dotado por la Gran Rhetra de poderes judiciales. Si algún espartano era acusado de delitos graves, como traición o asesinato, sólo la Gerousia podía celebrar un juicio. Si era declarado culpable, la Gerousia podía aplicarle un castigo que podía ir desde multas hasta el exilio o la ejecución. Si un rey desobedecía las costumbres y normas de Esparta, la Gerousia, con el apoyo del Eforato, podía despojarlo de su corona y expulsarlo.

Tal poder y responsabilidad hacían que un puesto en la Gerousia fuera muy codiciado por los hombres de Esparta, inspirando a los más jóvenes a trabajar duro para ganárselo.

Apella: El mandato del pueblo

La ciudadanía en Esparta tenía muchas ventajas, especialmente para los hombres. La Apella era una de ellas. Se trataba de una asamblea de espartiatas varones que se reunían cada luna llena para deliberar sobre asuntos que afectaban al futuro de Esparta.

Para convertirse en un verdadero ciudadano, cada hombre debía haber sido entrenado en la agogé y haber tenido éxito en todas sus tareas. La mayoría de los hombres espartanos de la época clásica habrían luchado al menos en una batalla. Esto por sí solo calificaba a casi todos los hombres espartanos para formar parte de la Apella.

La edad de admisión era de treinta años (la misma edad para graduarse en la agogé). Al principio, la Apella se reunía en un lugar llamado ágora, que era un espacio público abierto. Fue idea de Licurgo, ya que así los ciudadanos se concentrarían en los debates de la Apella en lugar de distraerse con estatuas o pinturas decorativas, que solían encontrarse en los ayuntamientos.

La lista de temas a debatir durante una reunión de la Apella era elaborada por el consejo de ancianos (Gerousia), y una reunión podía durar muchas horas. Las discusiones acaloradas eran habituales, pero había que llegar a un consenso en todos los asuntos.

Al principio, la Apella podía tomar decisiones sin oposición, pero hacia el siglo VII, los reyes de Esparta observaron la facilidad con la que el pueblo podía tomar resoluciones. Para amortiguar los peligros de tales libertades, se enmendó la Gran Rhetra para otorgar poderes de veto a la Gerousia. A partir de entonces, el consejo de ancianos podía rechazar una decisión tomada por la Apella si, en su sabiduría y experiencia militar, la consideraba indecorosa. Además, los éforos y gerontes moderaban todas las reuniones de la Apella.

De acuerdo con la constitución espartana, los ciudadanos asistentes a la Apella podían deliberar sobre la realeza, la sucesión, la política exterior, la guerra, los tratados de paz, el ejército y la legislación. La función más importante de la Apella era la elección de los éforos y gerontes mediante votación oral. Cada año se elegían nuevos éforos, pero, como se ha leído más arriba, no ocurría lo mismo con los gerontes, ya que se trataba de un cargo vitalicio.

La visión de Licurgo para la Apella era que los ciudadanos espartanos formaran parte del gobierno y que sus voces fueran escuchadas, muy literalmente.

El Eforato: La divinidad política

Es imposible hablar de la historia de Esparta sin toparse con cierta institución formada por cinco hombres que compartían poderes con los propios reyes de Esparta: los éforos.

Los historiadores Plutarco y Heródoto no se pusieron de acuerdo sobre el origen de los éforos, quizá el brazo más poderoso de Esparta, por lo que existen dos versiones sobre su origen.

Según el relato de Plutarco, los éforos surgieron en una época en la que Esparta estaba enfrascada en las guerras Mesenias. Los dos reyes de Esparta estuvieron alejados de sus tronos durante muchos años, dejando un vacío en el liderazgo. Se encontró una solución permanente eligiendo un comité de hombres para gobernar Esparta mientras los reyes estaban en guerra.

Heródoto discrepa vehementemente de esto y afirma que los éforos existían mucho antes de las guerras Mesenias. Según él, el éforo fue otra idea política del gran Licurgo. Esta institución fue una idea inspirada por el Oráculo cuando Licurgo realizó su famosa consulta en Delfos.

Afortunadamente, estas historias contrapuestas sobre el origen del Eforato no restan valor a lo que se sabe sobre sus funciones y poderes.

En cuanto a su composición, el Eforato era sólo para hombres espartiatas, al igual que las otras ramas del gobierno espartano. Cinco hombres de entre treinta y sesenta años podían ser elegidos éforos. No se sabe por qué tenían que ser exactamente cinco, pero algunos relatos históricos sugieren que Esparta podía albergar cinco ciudades y que un éforo procedía de cada una de ellas. De ser así, la igualdad de representación garantizaría la unidad entre las ciudades más pequeñas.

Una pintura del siglo XIX sobre los éforos [22]

El Eforato tenía la máxima autoridad política en el estado espartano, incluso más que la Gerousia. Eran venerados por su eminencia política y espiritual, hasta el punto de que los éforos estaban exentos de inclinarse ante los reyes.

Es razonable considerar que la institución del Eforato fue vista como una oportunidad de gran alcance para que los hombres espartiatas saborearan el poder político. Mientras que los cargos en la Gerousia estaban reservados a los nobles y permanecían en ellos hasta su muerte, el Eforato podía ser ocupado por los pobres. Cada éforo sólo podía servir un año y nunca podía ser reelegido, por muy excelente que fuera su actuación.

Esta inclusividad pudo haber sido diseñada por Licurgo de buena fe, pero desde entonces ha sido criticada como un defecto. Estos hombres sabían que sólo tenían un año en el poder y que eran inmunes a la persecución mientras durara. Por lo tanto, hubo muchos casos de éforos corruptos, exigentes y que aceptaban sobornos para aumentar su riqueza.

Por otro lado, una vez finalizado su mandato, podían ser procesados por sus sucesores. Se puso como ejemplo a un éforo llamado Cleándridas, que fue declarado culpable de aceptar sobornos de los atenienses. Fue expulsado, junto con el rey Pleistoanax, quien también había sido declarado culpable.

Los deberes del Eforato eran vastos, por lo que es comprensible por qué un espartano sólo podía poseer tal poder durante un año en su vida. En primer lugar, los éforos eran consejeros de los reyes de Esparta. Cada mes, los éforos intercambiaban juramentos con los reyes, un rito sagrado que sería sellado por el Oráculo. Como los éforos eran guardianes de la ley, los reyes no podían rechazar sus consejos. Consultaban con los éforos todos los asuntos que afectaban al futuro de Esparta. En aquella época, era muy raro que los reyes de Esparta cooperaran en todos los asuntos, por lo que los éforos servían también de mediadores.

En tiempos de guerra, un rey espartano sólo podía declarar la guerra o desplazar tropas con el consentimiento de los éforos. Dos de los cinco éforos acompañaban a los reyes al campo de batalla para asegurarse de que la guerra se desarrollaba según las costumbres espartanas. Aunque los reyes eran los comandantes, los éforos ejercían la autoridad entre bastidores.

En las relaciones exteriores, los éforos eran los representantes del pueblo de Esparta. Podían ser enviados como emisarios en misiones diplomáticas y recibir invitados extranjeros en nombre de Esparta. Por extensión, los éforos podían presidir las discusiones sobre tratados, guerra y paz. Esto les otorgaba poderes para moderar las reuniones de Gerousia y Apella y tomar las decisiones finales cuando el pueblo estaba demasiado desorganizado para hacerlo.

Las funciones judiciales del Eforato eran similares a las de la Gerousia. Los delitos graves, como el homicidio, la traición y la negligencia de las costumbres espartanas (especialmente por parte de los reyes), eran llevados ante los éforos para su juicio y castigo. Sólo los éforos se reservaban el derecho de imponer la pena de muerte y deponer a los reyes.

Por ley, los éforos no podían quedarse de brazos cruzados viendo cómo un rey espartano se quedaba sin heredero. Podían intervenir en asuntos conyugales privados siempre que afectasen a la sucesión y a la estabilidad de Esparta.

En realidad, estos poderosos hombres sólo estaban sometidos al Oráculo. Tenían un estatus divino, ya que se los consideraba portavoces de los dioses y aconsejaban a los reyes según los decretos del Oráculo. En esencia, los éforos eran líderes espirituales.

En el lado sombrío, los éforos eran tan poderosos que cada año podían ordenar la matanza indiscriminada de helotas. El Eforato tenía a la Crypteia bajo su firme control y, para asegurarse de que los helotas no se sublevaran, los éforos enviaban guerreros entrenados para acabar con los helotas problemáticos. En algunas ocasiones, los perioikoi (habitantes no ciudadanos de Esparta) fueron víctimas de estas masacres aleatorias.

Los éforos también interferían en los asuntos de la agogé, asegurándose de que sus normas de dura disciplina no decayeran. Cuando nacía un niño espartano, hombre o mujer, era inspeccionado por los éforos para detectar cualquier signo de debilidad física. Para los niños que superaban esta prueba y entraban en la agogé, esta inspección corporal continuaba cada diez días hasta la edad adulta. Esto hizo que la institución de los éforos fuera socialmente relevante en Esparta mientras existió.

Diarquía: Un reinado de dos reyes

Esparta no era tan grande como el Imperio persa, pero gobernaban dos reyes al mismo tiempo. Si bien esto habla de lo mucho que los antiguos espartanos debían amar el orden y la organización, había otros matices fascinantes.

En todos los hogares espartanos, los niños crecían rodeados de historias que les contaban que eran orgullosos descendientes de Heracles, el hijo de Zeus. Los propios reyes espartanos fueron santificados por

Tucídides como las "semillas del semidiós hijo de Zeus". Era una referencia a Heracles, que en la mitología griega fue padre de gemelos celestiales y antepasado directo de Aristodemo, el Heráclida. Según la tradición, los hijos gemelos de Aristodemo, Eurístenes y Procles, fueron los primeros reyes duales de Esparta.

En un plano menos mitológico, la naturaleza diarcal de la monarquía espartana encuentra otro origen en la búsqueda de la paz entre las dos familias gobernantes, así como en evitar la inversión de poderes tan inmensos en un solo hombre.

La explicación de Heródoto difiere. Según él, la doble realeza de Esparta se estableció para asegurar la compensación de la antigua clase dominante, los aqueos, que habían sido usurpados durante la invasión doria. El rey Cleómenes I dijo en voz alta en algún momento de su vida que él era aqueo, no dorio.

Ya fuera por gemelidad celestial o como medio para resolver conflictos entre familias y tribus, el reinado de dos reyes en Esparta se mantuvo en boga durante muchos siglos.

La grandeza de Esparta se personificaba en los actos de sus reyes en la batalla. En las historias, los reyes espartanos eran más comandantes militares que jefes de estado políticos. Como vivían la mayor parte de su vida en el campo de batalla, tenían poco tiempo para dedicarse a la política espartana. Ésta quedaba, en su mayor parte, en manos del Eforato.

Cuando los reyes no estaban llevando a Esparta y a otras partes de Grecia a la guerra, ejercían considerables poderes religiosos y judiciales. Eran miembros permanentes de la Gerousia y, como el resto del consejo, deliberaban sobre asuntos que afectaban a Esparta y a su pueblo, aunque guiados por el Eforato.

Los reyes eran venerados como favorecidos por los dioses, por lo que eran los principales sacerdotes de Esparta. Dirigían los ritos y ceremonias religiosas, y supervisaban la ofrenda de sacrificios a los dioses, tal y como exigía el Oráculo. Los reyes no podían tomar decisiones sin la bendición del Oráculo a través de los éforos, pero eran adorados por su pueblo como miembros de la realeza.

Los dos reyes compartían el mismo poder, lo que provocaba frecuentes enfrentamientos cuando había que tomar una decisión. Los éforos intervenían para mediar entre los dos reyes y desbloquear la situación.

Leónidas I, el decimoséptimo rey de la dinastía Agiad e hijo del rey Anaxándridas II, es el rey espartano más famoso de la historia, en agudo contraste con su co-rey, Leotíquidas, cuya traición acabó en un vergonzoso exilio. Al rey Leónidas se lo recuerda sobre todo por enfrentarse con sus trescientos guerreros espartanos al enorme ejército de Jerjes en el paso de las Termópilas.

Estructura social

Cualquiera que diera un paseo por las calles de la antigua Esparta se daría cuenta rápidamente de algo: la gente distaba mucho de ser igualitaria.

Esto se debía a que Esparta funcionaba con un sistema rígido y socialmente reglamentado que favorecía a sus ciudadanos (espartiatas) por encima de los demás. La ciudadanía espartana era diferente de la de otras sociedades, y era más difícil conseguirla que perderla. Nadie, salvo quizá la realeza, podía ser ciudadano por mero nacimiento. Había que trabajar mucho para conseguirla, un trabajo duro no apto para débiles mentales. Al convertirse en ciudadano, un espartiata pasaba el resto de su vida protegiendo su estatus. Los actos delictivos, la desobediencia o la cobardía podían privar al culpable de la ciudadanía, un destino más vergonzoso que la muerte.

Mientras los reyes, éforos y gerontes conservaban el poder en los asuntos del Estado, sólo los ciudadanos de Esparta disfrutaban de verdadera libertad. Irónicamente, estos ciudadanos de Esparta no constituían la mayoría de la población. Eran la minoría, pero ¿no era ese el objetivo de una oligarquía?

Espartiatas: Los pocos privilegiados

En la cúspide de la pirámide social de la Esparta clásica se encontraban los espartiatas, los ciudadanos reconocidos de Esparta. Para los hombres, los derechos de ciudadanía se otorgaban en la agogé patrocinada por el estado. Allí, los niños se convertían en hombres espartanos fuertes, leales y casi invencibles, y se los ponía a prueba en la batalla. Si morían en la batalla o regresaban vivos y victoriosos, se convertían en verdaderos espartanos y disfrutaban de las ilimitadas oportunidades que ello conllevaba.

Los no reales tenían la oportunidad de servir a Esparta como éforos y gerontes, si eran elegidos. Los espartiatas no necesitaban ser elegidos para formar parte de la Apella, la estimada asamblea popular.

Los ciudadanos varones sólo podían casarse con mujeres de su mismo estatus, y cada hijo nacido en una familia espartiata tenía la oportunidad de convertirse en un verdadero espartano. Tanto los espartiatas como las espartiatas podían poseer tierras, que los helotas cultivaban.

Otro privilegio de los espartiatas era que, fueran hombres o mujeres, no estaban obligados por ley a trabajar para ganarse la vida. A pesar de ser el único grupo demográfico con derechos legales ilimitados a la riqueza, la libertad, la protección del Estado y la educación, los espartiatas no tenían que dedicarse al trabajo comercial o manual.

La única ocupación a tiempo completo de un verdadero hombre espartano era ser guerrero o entrenarse para serlo. En el caso de las mujeres, sólo se ocupaban del parto, el entrenamiento físico y las tareas de supervisión en el hogar. Los perioikoi y los helotas formaban la población de trabajadores manuales y serviles.

Perioikoi: En algún punto intermedio

La segunda clase social de la sociedad espartana no tenía una vida increíblemente dura, al menos en comparación con los helotas. Conocidos como los perioikoi (o perioeci), esta casta representaba a los habitantes no ciudadanos de Esparta. Constituían una buena parte de la población de Laconia y Mesenia, ambas vasallas espartanas.

Estas personas disfrutaban de algunos derechos. Aunque muchos perioikoi no habían nacido espartanos, algunos eran espartanos que no se habían unido a la agogé o ex espartanos que fueron degradados, posiblemente por incumplir sus obligaciones financieras con el gobierno.

Este grupo demográfico supervisaba el sector comercial de la sociedad espartana. Eran fabricantes de armas y armaduras, artesanos, agricultores, comerciantes y mercaderes. Los más valientes podían participar en las expediciones militares de Esparta y luchar codo con codo con los hoplitas y los helotas. Si trabajaban lo suficiente en sus negocios o en la batalla, un perioikoi podía ser recompensado con la ciudadanía, pero los espartanos rara vez lo permitían.

Los perioikoi disfrutaban de algunos derechos de propiedad de la tierra, pero no podían votar ni ocupar cargos de liderazgo. De vez en cuando, estas personas podían ser víctimas de ataques coordinados dirigidos al estrato social más bajo de la Esparta clásica: los helotas.

Helotas: Una masa de esclavos

En Esparta vivían los espartiatas y los perioikoi, pero había otra clase. Estas personas eran consideradas la escoria de la sociedad, y a veces se los trataba peor que a los animales. No eran otros que los helotas.

La vida de los helotas en la antigua Esparta no era codiciada. Aunque existen múltiples versiones sobre su origen, no cabe duda de que los helotas eran esclavos propiedad del Estado cuyas libertades y derechos eran prácticamente inexistentes.

En todos los hogares espartanos había helotas, que realizaban trabajos domésticos y serviles. Remaban en los barcos de guerra y servían en la batalla como ayudantes militares. Esto hacía casi imposible que los helotas hicieran algo a lo largo de su vida que mereciera un reconocimiento especial o los condujera a la ciudadanía.

Una diferencia importante entre los esclavos de otras partes del mundo y los esclavos de Esparta es que los esclavos no pertenecían a ningún individuo. El gobierno se reservaba la autoridad de asignarlos y reasignarlos a voluntad, y su trabajo se recompensaba únicamente con comida y bebida.

Numerosas fuentes históricas confirman los malos tratos infligidos a los helotas por sus amos espartanos. Eran humillados y duramente castigados por hacer algo mal o por no hacer nada; a veces, los espartanos los castigaban sólo para recordarles su lugar. Los espartanos eran conocidos por emborrachar a sus helotas con vino y verlos ridiculizarse en público como entretenimiento o hacer que sirvieran de lección a sus hijos para evitar la embriaguez.

Los helotas no podían soñar con alcanzar un cargo político o cualquier forma de influencia en la sociedad espartana. En su lugar, tenían que soportar el odio de sus amos y mirar por encima del hombro por si la Crypteia espartana acechaba en las sombras.

La intersección

A primera vista, no existía casi ningún punto de encuentro entre las tres clases sociales que prosperaban en la Esparta clásica. Nada podía equiparar a los perioikoi y a los helotas con los ciudadanos libres. Geográficamente, no ocupaban los mismos asentamientos.

A pesar de trabajar en los hogares y las granjas espartanas, los helotas regresaban a sus cuarteles o asentamientos al final de la jornada. Los perioikoi se retiraban a sus asentamientos tras abandonar los mercados u otros lugares de trabajo. Dado que los helotas y los perioikoi eran libres de practicar su religión nativa, las actividades espirituales y los festivales ni siquiera reunían a estas clases.

El contacto diario entre ellos no cambiaba el hecho de que estos habitantes de Esparta vivían a mundos de distancia, excepto por una cosa, que ocurría con frecuencia en Esparta: la guerra. Como has leído en este libro, las guerras ocuparon gran parte de la historia de Esparta. Estas guerras eran los únicos momentos en los que cada helota, perioikoi o espartiata luchaba por sí mismo y por Esparta. Cada guerrero espartano, independientemente de su casta, luchaba codo con codo como iguales momentáneos por la gloria de Esparta.

En Esparta, el único verdadero nivelador era la guerra.

Capítulo 15 - La guerra espartana

El campo de batalla era el lugar donde se probaban y evidenciaban los mejores soldados del mundo clásico, como los poderosos espartanos. Cualquier hombre que pudiera salir entero de la agogé era digno de ocupar su lugar en el campo de batalla contra los numerosos enemigos de Esparta.

Cuando Jerjes desencadenó uno de los monstruos más terribles que el mundo había visto jamás -una bestia feroz formada por cientos de miles de soldados de infantería y caballería-, los espartanos lideraron la épica defensa. Flanqueados por sus aliados griegos, los espartanos lucharon contra el monstruo con sus espadas, escudos, lanzas y sus vidas hasta que la victoria fue de Grecia.

El papel de Esparta a la hora de rechazar a los persas sentó un precedente en el arte de la guerra que ninguna ciudad-estado griega superaría. Y tal hazaña sólo podía ser alcanzada por la fuerza bruta de un guerrero espartano, su armadura superior, su amor insaciable por Esparta y el vínculo inquebrantable con sus hermanos de armas, que se alimentó desde la infancia y floreció hasta su muerte.

A pesar de su número habitualmente inferior, los espartanos demostrarían una y otra vez que "un espartano valía por varios hombres".

El arsenal de Esparta

Por muy valiente o temerario que fuera, ningún soldado marchaba a la guerra desarmado contra tropas armadas y vivía para contarlo. Incluso los míticos dioses griegos que residían en el Olimpo hacían que Hefesto, el dios de los herreros, les fabricara armas.

Una lección integral de la agogé espartana era el uso de armas y armaduras. Durante años, los muchachos entrenaban sus cuerpos para acostumbrarse al peso de las armas espartanas y a la mejor manera de manejarlas. Una vez que los chicos dominaban esto, sus movimientos con las armas eran fluidos y naturales.

Y para ser una pequeña ciudad-estado, Esparta tenía una impresionante colección de armas.

<u>*El Aspis: Escudos en capas*</u>

Cuando uno echa un vistazo a los escudos espartanos, lo más probable es que lo primero que piense sea: "¡Vaya, qué grandes!". Tenían casi un metro de diámetro, y eran tan grandes como pesados. Este diseño era intencionado.

El aspis (también conocido como hoplon) se fabricaba con madera de roble de gran calidad y se recubría con una capa de bronce para darle brillo y protección.

Un aspis que se cree que procede de la batalla de Pilos en el año 425 a. C.[35]

Eran los escudos que protegían a los guerreros espartanos del aluvión de flechas ordenado por los persas durante las guerras Greco-Persas. Los espartanos agrupaban sus escudos para formar una impenetrable muralla de bronce tanto con fines ofensivos como defensivos.

El aspis pesaba unas dieciséis libras, lo que significa que se necesitaba bastante fuerza para cargarlo durante varias horas. Afortunadamente, los espartanos estaban hechos de acero y se les había enseñado a llevar estos escudos mucho antes de que se convirtieran en hombres.

El tamaño de estos escudos podía causar daños mortales si se utilizaban para golpear a un enemigo, y los espartanos se tomaron la libertad de utilizar esto en su beneficio. Aplastaban los cuerpos de sus enemigos de un solo golpe y formaban impenetrables líneas defensivas con sus escudos.

El escudo llegaba desde los hombros hasta las rodillas, cubriendo todo el torso. Cada escudo tenía una empuñadura en el brazo para facilitar la movilidad y las maniobras.

En las representaciones modernas de la antigüedad, los escudos griegos llevan inscritos blasones, y los de los espartanos llevaban la letra griega "lambda", cuyo símbolo era una "V" invertida. Lambda es el equivalente de la letra "L", que supuestamente significaba "Lacedaemón", una referencia al hogar natal de los espartanos.

Sin embargo, muchos historiadores han criticado estas representaciones como falsas, argumentando que los antiguos escudos espartanos no eran propiedades del Estado, sino pertenencias individuales. Así, la gente diseñaba sus escudos con o sin blasones y podía llevarlos a la batalla siempre que el escudo cumpliera las dimensiones requeridas. Otros pocos coinciden en que los hoplitas de Esparta utilizaban escudos con los blasones lambda, pero sólo a partir de la época de la guerra del Peloponeso. Por desgracia, los espartanos que vivían entonces no están para aclarar las cosas.

Otro elemento único de los escudos espartanos era que eran convexos, lo que significaba que podían usarlos para flotar en el agua. Los espartanos podían cruzar ríos sobre sus escudos sin miedo a ahogarse.

Los escudos representaban la resistencia, el valor y el coraje de un ejército, y los espartanos se enorgullecían de los suyos. Los padres pasaban sus escudos a sus hijos como reliquias, y nunca debían perderse, ni siquiera en caso de muerte. Un guerrero espartano podía perder su lanza o incluso su espada, pero nunca su escudo. Sería una gran desgracia.

Por eso, todo hombre espartano que se dirigía a la guerra echaba un vistazo a su escudo y recordaba las palabras de su esposa o de su madre: "Vuelve a casa con tu escudo o sobre él".

Doru: Las lanzas perforantes y la jabalina

La lanza espartana era otra implacable arma de destrucción en el campo de batalla. La doru (también conocido como dory) medía entre dos y tres metros de largo, por lo que debía de ser increíblemente pesada. No obstante, los soldados espartanos la sujetaban con una mano y llevaban sus escudos con la otra.

Las lanzas espartanas se fabricaban con madera para el mango y hierro pesado para la punta plana, que tenía forma de hoja. La punta de la lanza era mortal si se clavaba en la parte correcta del cuerpo, y su forma aerodinámica permitía usar la lanza a distancias más largas que otras lanzas.

Lo que hacía verdaderamente única a la doru espartana era su grueso pincho bronceado en la parte trasera. Este pincho tenía dos funciones principales: estabilizar el peso de la lanza y servir de arma secundaria. Si la punta de su espada se rompía o se cortaba durante la batalla, los espartanos podían utilizar el extremo posterior de sus lanzas para infligir un daño considerable. Una vez concluida la batalla, los espartanos podían rematar al enemigo herido utilizando cualquiera de los dos lados de sus lanzas.

Y lo que es más importante, las lanzas espartanas se utilizaban en las formaciones de falange para mantener a distancia a los soldados enemigos. La longitud añadida del doru daba a los espartanos una ventaja extra, y a los soldados que se acercaban demasiado, los hoplitas podían matarlos.

En las guerras Greco-Persas se puso de manifiesto la superioridad de las lanzas espartanas. Los persas tenían lanzas más cortas y débiles que las formidables dorus espartanas.

En los casos de lanzamientos a larga distancia, la doru espartana no podía hacer mucho, razón por la que los espartanos también llevaban jabalinas. Dado que la guerra era su ocupación a tiempo completo, los espartanos eran extremadamente buenos en prácticamente todo lo relacionado con la guerra. Nunca marchaban a la batalla con armas mal hechas o insuficientes. Por cada doru había una jabalina. Las jabalinas eran las que llegaban más lejos; podían romper las líneas enemigas y desbaratar las formaciones enemigas.

Xifos y Kopis: Cuchillas letales

La falange espartana no podía mantener siempre a distancia al enemigo, sobre todo si éste contraatacaba con una falange. En esta situación, los muros de escudos de los ejércitos enfrentados podían chocar, acercando demasiado a las tropas enemigas como para que las lanzas o jabalinas pudieran ser utilizadas con eficacia.

En otros casos, las firmes líneas espartanas podían ser rotas por una carga de caballería o una formidable infantería, y el enemigo se abalanzaba sobre los guerreros de Esparta, matándolos sin piedad.

Por tanto, el combate a corta distancia requería otro tipo de arma, más corta, más precisa e igual de letal. Se trataba del xifos, una espada de doble filo que data de la Edad de Hierro. Los espartanos, que no temían enfrentarse a sus enemigos a cualquier distancia, diseñaron su xiphe (plural de xiphos) de doce pulgadas de largo, más corto que el modelo griego estándar de veinte pulgadas. De camino a la batalla, el soldado espartano envainaba su xifo y lo dejaba colgar de su cinturón de hombro (el baldaquino).

Reconstrucción moderna de un xifo[84]

Por otro lado, para combatir contra soldados enemigos a caballo, los espartanos utilizaban una espada más larga y de un solo filo llamada kopis. Su hoja superior, gruesa y curvada, le daba el impulso aplastante de un hacha, lo que resultaba útil para derribar a los jinetes enemigos de sus caballos.

Reconstrucción moderna de un kopis[25]

Puede que las espadas fueran armas secundarias, pero los guerreros espartanos también dominarían su uso. La agogé creó lo mejor de lo mejor.

Las armaduras y tácticas militares espartanas

El ejército de Esparta era la pieza central de su existencia. Y para una ciudad-estado que pronto extendió su poder a todo el Peloponeso, las guerras eran inevitables. Los espartanos pronto se ganaron el miedo y el respeto de sus vecinos como máquinas de guerra que preferían la muerte a la derrota. Entre los siglos VII y IV a. C., Esparta floreció y, desde la época del gran Licurgo, la calidad de los hombres en las filas militares de Esparta nunca se pondría en duda.

Los espartanos se ponían sus largos mantos carmesí, cascos de bronce con pelo de caballo de estilo corintio, brazaletes de cuero y grebas de metal. Llevaban sus escudos y diversas armas. Esencialmente, los soldados espartanos pretendían parecer amenazadores para su enemigo.

Sin embargo, más allá del aspecto físico, los espartanos luchaban como una única y poderosa unidad. Aunque estaban dispuestos a morir por Esparta, juraron protegerse unos a otros en el campo de batalla, que era el objetivo de la falange.

La falange

La falange era una formación defensiva habitual en la antigua Grecia, pero los espartanos tenían una clase propia. Los espartanos, que se habían sometido a la forma de entrenamiento más extrema que se conocía en aquella época, tenían fama de ser capaces de mantener un sólido muro de escudos durante más tiempo que la mayoría. Esto se debía probablemente al código de honor espartano.

Este código sagrado reconocía a todos los soldados como iguales, y prohibía la temeraria ruptura de filas y el suicidio. A ningún soldado se le permitía morir en un arrebato de ira descuidada o abandonar a sus hermanos en la batalla. Tampoco podía dejar caer o perder su escudo, ya que esto sería muy deshonroso. Pero lo más importante, ningún soldado podía romper la formación. La supervivencia de todo el ejército espartano dependía de ello.

La formación de falange era simple en teoría. Un contingente de espartanos unía sus grandes escudos para formar un denso muro, y otro contingente asomaba largas lanzas por pequeñas aberturas del muro de escudos. Esta formación se utilizaba para la defensa, y romper las líneas espartanas solía ser difícil para las tropas enemigas.

Para reforzar el muro, los soldados espartanos se colocaban cohesionados hombro con hombro en varias filas de profundidad, con el siguiente hombre listo para sustituir al que tenía delante si lo mataban. Si la falange era atacada por un aluvión de flechas, los espartanos bajaban rápidamente sus lanzas y formaban un muro de escudos para defenderse.

En la batalla, la falange espartana típica tendría al menos ocho filas de profundidad. Usar la falange para atacar era más difícil, ya que los hombres tenían que avanzar al mismo ritmo sin romper el muro de escudos. Una coordinación y un trabajo en equipo tan perfectos sólo podían encontrarse entre los guerreros de Esparta.

A pesar de lo emocionante que debió ser para los espartanos formar para conquistar a sus enemigos, la falange tenía sus limitaciones. Dado que cada espartano sujetaba sus lanzas con la mano derecha y el escudo con la izquierda, el ala izquierda era más propensa a sufrir ataques.

Otro defecto de la falange espartana era que nunca podía ser eficaz en terrenos quebrados o accidentados. Los hoplitas necesitaban terreno llano para que su formación se mantuviera impenetrable, por lo que, como parte de las tácticas de guerra clásicas de Esparta, atraían al enemigo hacia donde tendrían la ventaja del terreno.

Por último, en casos de batallas prolongadas, la primera fila podía verse comprometida. Sólo los más fuertes de las tropas espartanas se mantenían en primera línea, pero incluso ellos podían quedar exhaustos o morir. Las filas intermedias eran a menudo más débiles e incapaces de sostener un ataque durante demasiado tiempo. Por eso los soldados espartanos no podían permanecer demasiado tiempo en posiciones de defensa. Hacían retroceder a las furiosas tropas enemigas, golpeándolas con sus lanzas y espadas cortas mientras avanzaban lentamente tras sus muros de escudos. Si la primera fila caía, normalmente terminaba en derrota espartana.

Pero los espartanos eran hombres de guerra, y su reputación en toda Grecia y más allá era la de hombres cuyas defensas nunca flaqueaban.

Rituales de batalla

Antes de partir a la guerra, los reyes de Esparta ofrecían sacrificios quemados de ovejas y cabras a Zeus, preguntando si les correspondía librar la batalla. Si el Oráculo accedía, los animales sacrificados se daban de comer a los soldados.

Mientras otros marchaban a la batalla con el sonido de los tambores de guerra, los héroes de Esparta cantaban serenatas con las dulces y suaves melodías de la flauta. Cantaban canciones que les recordaban su amor y orgullo por Esparta.

Tras una larga y sangrienta jornada, los espartanos recogían a sus muertos y los trasladaban sobre sus escudos para enterrarlos. Para guerreros como Leónidas, cuyo valor era excepcional y poco común, construían monumentos nacionales de piedra y hierro. Los cultos a los héroes también eran comunes en la época, y se empeñaban en preservar y venerar la memoria de los extraordinarios guerreros espartanos durante generaciones.

Por sus hermanos de armas caídos en batalla, los soldados espartanos supervivientes los lloraban y despedían con rituales. Si después salían victoriosos, lo celebraban.

Crypteia: Asesinos Nacionales

En muchas historias antiguas, Esparta era una heroína, la salvadora de Grecia y el orgullo del Peloponeso.

Sin embargo, en esta historia en particular, Esparta era un villano horrible, un villano cuyo monstruoso apetito nunca podía saciarse, sin importar cuántos esclavos devorara. Este sombrío y oscuro relato trata de una despiadada banda de guerrilleros espartanos que eran enviados a la campiña de Laconia todas las noches de otoño.

Plutarco dice que eran hombres jóvenes y sanos, recién salidos de la agogé. Sin embargo, nadie sabe a ciencia cierta cuándo se creó la Crypteia. Algunas fuentes antiguas atribuyen su creación a la época de las reformas de Licurgo, en el siglo VII a. C. Sin embargo, a historiadores como Plutarco les cuesta creer que Licurgo fuera el cerebro de tal institución, afirmando: "Ciertamente no puedo atribuirle a Licurgo una medida tan abominable como la "Crypteia", a juzgar por su suavidad y justicia en todos los demás casos".

La postura de Plutarco es lógica, teniendo en cuenta que la naturaleza de la Crypteia contrastaba fuertemente con lo que representaba el ejército espartano. A diferencia del ejército espartano convencional, cuyo distintivo era la organización y el trabajo en equipo, la Crypteia enseñaba a sus jóvenes miembros espartanos independencia, autosuficiencia y sigilo.

Los jóvenes asignados a la Crypteia eran los mejores entre sus compañeros y maestros del disfraz. Se los enviaba con dagas y algo de comida. Eran como depredadores que sólo tenían un tipo de presa: desprevenidos desvalidos.

Durante el día, los hombres de la Crypteia espiaban a los helotas, a veces señalando a los descarriados e insubordinados, es decir, a los más propensos a incitar revueltas contra Esparta. Cuando caía el sol, estos espías espartanos ejecutaban a los helotas de la forma más brutal, normalmente apuñalándolos hasta la muerte con sus puñales. Otros helotas que vagaban por las calles o trabajaban hasta tarde en las granjas durante los toques de queda impuestos por el estado también eran asesinados sin piedad.

Estos espantosos asesinatos no sólo eran sancionados por el Estado espartano a través del Eforato, sino que además quedaban impunes. Las primeras masacres de esta "policía secreta" pasaron desapercibidas para los helotas, pero con el tiempo quedó claro que el estado de Esparta estaba en guerra con ellos.

Durante generaciones, los espartanos habían temido que los helotas se aprovecharan algún día de su gran número y se alzaran contra ellos, lo que, por supuesto, supondría una grave amenaza para la seguridad nacional. Para ir un paso por delante, el gobierno espartano le encargó a la Crypteia la diezma indiscriminada de la población helota. Era una forma brutal de recordar a los helotas su lugar: bajo los pies de Esparta.

En la *Historia de la Guerra del Peloponeso*, Tucídides cuenta la escalofriante historia de dos mil helotas que fueron invitados a la ciudad un día del año 424 a. C. Era un día poco habitual: los helotas habían recibido la noticia de que sus amos espartanos estaban satisfechos con ellos por su arduo trabajo durante décadas y deseaban recompensarlos. Se pidió a los helotas que enviaran a sus mejores hombres como representantes para recibir su recompensa.

Los helotas no podían creer su buena suerte. Para celebrar lo que parecía el fin de la tensa relación con los espartanos, enviaron a dos mil de sus mejores hombres. Los espartanos les dieron la bienvenida y los invitaron al templo para el culto. Los helotas fueron condecorados con guirnaldas y se les aseguró la libertad de su condición de esclavos. Alborozados, los helotas se movieron libremente por el recinto del templo, saboreando el nuevo y dulce aire de libertad... hasta que se convirtió en un terrible espejismo.

Uno tras otro, los dos mil helotas murieron misteriosamente, y sus asesinos, los espartanos, no fueron investigados ni castigados. Esta historia ejemplifica el horror al que se enfrentaron los helotas a manos de los espartanos y los cripteios.

Otros relatos históricos presentan la Crypteia como un rito de iniciación para los jóvenes que acababan de completar su formación en la agogé. Sin embargo, innumerables helotas fueron asesinados por estos jóvenes espartanos al servicio del Estado.

Los espartanos lograban someter a los helotas como deseaban, pero sólo podían permanecer encadenados durante cierto tiempo. Con la aparición de una generación más joven de valientes y rebeldes helotas llegó una guerra civil. Una guerra que casi consumiría a la poderosa Esparta.

Capítulo 16 - Las mujeres en Esparta

Como cuenta la historia, la situación de la mujer en la antigüedad era difícilmente aceptable. En una sociedad antigua típica, las mujeres no eran iguales a los hombres. En el mejor de los casos, eran amas de casa, madres de niños, esclavas o botín de guerra. No podían poseer tierras ni propiedades, sino que eran propiedad de sus padres y, más tarde, de sus maridos.

A pesar de ello, las mujeres eran consideradas parte esencial de la sociedad y se cree que asumían su papel. Sin embargo, no se puede ignorar el hecho de que las mujeres solían ser consideradas insignificantes en cuestiones culturales, militares y políticas.

Hay algunas sociedades antiguas que iban en contra de la norma, y una de ellas era una pequeña ciudad-estado griega de la península del Peloponeso. Las mujeres espartanas eran libres de participar en muchos aspectos de su sociedad. Estos beneficios son atribuidos a las geniales reformas de Licurgo. Tenía la firme convicción de que las mujeres eran la base de la sociedad y que, para que la estirpe de hombres fuertes y valientes de Esparta perdurara, las mujeres que los engendraban también debían ser fuertes.

Con la aceptación de sus ideas políticas en el siglo VII a. C., las mujeres espartanas entraron en una nueva forma de vida que duraría varias generaciones. A diferencia de sus hermanas de Atenas y otras partes de Grecia, las mujeres de Esparta tenían un poder cultural considerable.

Su ferocidad no tardó en granjearles renombre en la antigua Grecia y un lugar en la historia.

Creciendo

Cuando nacía una niña espartana, los éforos la inspeccionaban en busca de deformidades o enfermedades. No hay registros que demuestren que las niñas espartanas imperfectas, al igual que los niños, fueran abandonadas a su suerte, pero a las sanas les esperaban años de educación.

Las niñas espartanas no se sometían a la agogé. En su lugar, recibían educación formal en casa de sus madres. Aprendían a leer y escribir y recibían clases de arte y música. Se hacía hincapié en la poesía, la danza, el canto y el aprendizaje de una amplia gama de instrumentos musicales. Durante los festivales espartanos, las niñas competían con sus compañeros masculinos en bailes tradicionales y otras actividades para ganar premios y fama. También se las educaba en filosofía para hacerlas increíblemente ingeniosas y agudas.

Parece que la educación de las niñas espartanas de familias aristocráticas era más sofisticada que la de las de las clases más bajas, pero lo básico estaba al alcance de cualquier niña espartana.

Otro detalle fascinante de la infancia de las niñas espartanas era que recibían las mismas raciones que los niños. Los espartanos inculcaban la creencia de una alimentación minimalista a sus hijos a una edad muy temprana. Así que, de acuerdo con las normas sociales, las raciones de comida no se basaban en el género. De adultas, las niñas espartanas también cenaban en comedores públicos.

Las similitudes entre las niñas y los niños espartanos no terminan aquí. Aunque a los chicos espartanos se les podía ver gruñendo y sudando durante arduos entrenamientos físicos en la agogé, una chica espartana hacía lo mismo en casa. Las chicas no estaban exentas del entrenamiento físico en la antigua Esparta. Las rutinas eran esencialmente las mismas, independientemente de las diferencias de género o de las debilidades individuales. La única diferencia de su entrenamiento con respecto al de los varones espartanos era su finalidad. Las mujeres espartanas no se entrenaban para la guerra, sino para mantener su cuerpo en forma y sano para los niños.

Licurgo creía que los hombres y mujeres espartanos sanos sólo podían provenir de mujeres con cuerpos sanos. El ejercicio físico era el medio para conseguirlo. Así, las chicas espartanas participaban en las mismas rutinas que los chicos: lucha, carreras a pie, lanzamiento de jabalina y disco, boxeo y equitación.

Centrémonos por un momento en los Juegos Olímpicos de la antigua Grecia, ya que se trataba de un acontecimiento muy significativo. Los griegos lo llamaban sagrado y, como tal, la arena no era lugar para mujeres casadas, ni siquiera como espectadoras. Sólo las mujeres solteras podían presenciar los juegos; cualquier mujer casada que fuera sorprendida en la arena era condenada a una cruenta muerte.

Pausanias cuenta la historia de una noble de Rodas llamada Kallipateira. Desafiando las leyes olímpicas, se disfrazó de entrenador para ver luchar a su hijo. Fue descubierta y sólo se libró de la pena de muerte gracias a su condición. Aquel incidente dio lugar a la aplicación de leyes más estrictas en los siguientes eventos olímpicos. A partir de entonces, los entrenadores varones debían desnudarse y someterse a un minucioso control antes de entrar en la arena.

Sea como fuere, otra mujer desafiaría esto. Cinisca estaba dispuesta a desafiar todo lo que se interpusiera en su camino hacia la libertad. Era de la realeza espartana e hija del rey Arquidamo II. Poseía caballos de carreras, lo que era una rareza incluso en Esparta, pero la princesa era muy rica. Aprovechando su estatus y su acceso a los caballos de carreras, Cinisca participó en las Olimpiadas y ganó dos carreras de cuadrigas, poniendo de relieve la libertad de las mujeres espartanas. Hay que señalar que no participó físicamente en los juegos, pero como era propietaria de los caballos que ganaron, la victoria le pertenecía.

Las más libres de las mujeres

Las muchachas espartanas conocían bien los textos griegos, el arte de la guerra y cómo burlarse de los muchachos agogos que no rendían bien en los entrenamientos físicos y las competiciones. El objetivo era animar a los chicos a mejorar y fomentar las relaciones íntimas con el sexo opuesto. No es de extrañar que las niñas espartanas se iniciaran sexualmente tan pronto en la vida.

En otras partes de Grecia, las mujeres eran entregadas en matrimonio mucho antes de llegar a la edad adulta. Esto se hacía para preservar la virtud de las mujeres para sus maridos. En Esparta, sin embargo, las mujeres solían casarse cuando tenían entre dieciocho y veinte años. Tradicionalmente, un hombre espartano no podía casarse de verdad hasta que completaba su formación a la edad de treinta años. En efecto, las diferencias de edad entre las mujeres y los hombres espartanos no eran tan grandes como las de otros griegos.

Esto permitía a las mujeres de Esparta explorar libremente su sexualidad. Mientras los hombres estaban fuera, las mujeres espartanas podían entablar amistad entre ellas y mantener relaciones platónicas y/o eróticas si así lo deseaban. También podían tener tantos amantes masculinos como desearan antes de casarse. El orgullo de una mujer espartana no estaba en el celibato, sino en la fortaleza de su cuerpo y su mente.

El entrenamiento y el ejercicio físico frecuentes requerían ropa cómoda y mínima, otra libertad de la que disfrutaban las espartanas. En muchas ciudades-estado griegas vecinas, como Atenas, las mujeres y las niñas estaban estrictamente condicionadas a vestir modestamente. Los vestidos largos simbolizaban la modestia y la virtud de las mujeres, por lo que no se les permitía llevar ropa reveladora, y mucho menos desnudar sus cuerpos.

No ocurría lo mismo en Esparta. Incluso en la infancia, las niñas espartanas vestían ropas que parecerían escandalosas para otras sociedades griegas, y en ocasiones especiales, como la Gymnopaedia, podían llevar mucho menos.

La Gymnopaedia era un festival espartano anual que se celebraba en honor de Apolo, Artemisa y Leto. Cada verano, los espartanos se reunían en plazas públicas para celebrar la mayoría de edad de los jóvenes y la herencia colectiva de los espartanos. Este festival se prolongaba durante muchos días, y los jóvenes espartanos, hombres y mujeres, salían en grupos para bailar desnudos y cantar canciones tradicionales y poemas épicos. La desnudez era uno de los aspectos más destacados de la cultura de la antigua Esparta, por lo que las mujeres espartanas no podían ser menospreciadas por formar parte de ella.

Una conversación sobre las libertades que tenían las mujeres en Esparta no estaría completa sin mencionar su riqueza. Eran las mujeres más ricas del Peloponeso y quizá de toda Grecia porque podían poseer propiedades y tierras. En aquella época, la propiedad de la tierra era un privilegio que sólo se concedía a los ciudadanos varones de otras ciudades-estado, pero las mujeres espartanas podían poseer vastas extensiones de tierra siempre que pudieran permitírselo. En el siglo V a. C., se cree que un tercio de la superficie de Esparta pertenecía a mujeres.

Esto era de esperar, dado su profundo conocimiento de la economía a través de la educación formal. Sin embargo, un factor más importante para su capacidad de amasar riqueza era su nula implicación en las tareas domésticas. En Atenas, las niñas eran educadas para mantener el orden en la casa. Como mujeres, se encargaban de ello. Cocinaban, limpiaban, tejían la ropa y criaban a los niños.

Las mujeres de Esparta eran diferentes. Tenían helotas que hacían todas las tareas domésticas mientras ellas se encargaban de las tareas de supervisión y administración. Una mujer espartana nunca se ensuciaba las manos haciendo tareas serviles, y no se esperaba que lo hiciera. En consecuencia, las mujeres espartanas podían centrarse más en sus hijos, así como en la gestión de sus prósperas haciendas. Con esta riqueza a su disposición, las poderosas mujeres de Esparta podían influir en el curso de la economía y la política.

Esposas y madres

Para una mujer a punto de casarse en la antigua Esparta, el amor era probablemente la menor de sus preocupaciones. Había hombres fuertes y guapos en todas partes. Tenía que basar su matrimonio en algo más que sentimientos. Un deber fundamental de cualquier mujer espartana era tener hijos fuertes y tener éxito económicamente.

Habiendo sido criadas como independientes y psicológicamente liberadas, las mujeres espartanas tenían que ser compatibles con sus maridos social y sexualmente para que un matrimonio tuviera éxito. Si resultaba que una unión no producía hijos sanos o ningún hijo, se fomentaba el divorcio.

Una mujer espartana no estaba obligada a ser virgen o célibe. De hecho, Heródoto habla de la prevalencia de la poliandria. Este tipo de libertad permitía las estructuras familiares más extravagantes de la antigua Grecia. Por ejemplo, un hombre, después de tener a sus hijos, podía hacer que su mujer se fuera con otro hombre para darle más hijos. De ese modo, las mujeres podían tener más hijos, preferiblemente varones, para aumentar la población militar de Esparta.

Pero antes de que esto ocurriera, tenía que producirse un matrimonio. En la época clásica, muchas novias se obsesionaban con la ropa que debían llevar y el peinado que lucirían el día de su boda. Incluso las novias vikingas se obsesionaban con llevar el pelo largo y bonito para una ceremonia elaborada. Los atenienses celebraban los matrimonios con canciones y bailes para bendecir a la nueva pareja, y se esperaba que las novias lucieran lo mejor posible.

A los espartanos no les importaba nada de eso.

Normalmente, la futura novia no era ajena a su novio. Lo conocía de nombre y pedigrí, ya que había entrenado con él en la infancia, se había burlado de él cuando no alcanzaba el nivel y había bailado con él en la Gymnopaedia. No había necesidad de presentaciones elaboradas ni de esponsales prolongados.

También era costumbre que las mujeres espartanas dieran su consentimiento a un pretendiente antes del matrimonio. Si su padre presentaba a un pretendiente que ella no deseaba, la mujer, apoyada por su madre, podía rechazarlo por un hombre más preferido.

El día de la boda podía haber una ruidosa fiesta. Pero la ceremonia más importante se celebraba esa noche. En su noche de bodas, la recién casada se afeitaba la cabeza y se ponía la ropa y los zapatos de un hombre. Luego, pacientemente, se tumbaba en una habitación oscura donde su marido se acercaba a ella. Tras un breve e intenso forcejeo ritual, su marido se la llevaba a su nuevo hogar.

Si su marido seguía en la agogé, sólo podía escaparse por la noche para reunirse con ella hasta que completara su entrenamiento.

Durante toda su vida, los hombres de Esparta casi nunca estaban en casa, por lo que sus esposas eran las cabezas de familia. Historiadores como el ateniense Aristóteles criticaron el poder que estas matriarcas ejercían en la sociedad, pero seguiría siendo la norma mientras existiera la antigua Esparta.

Mientras que una mujer espartana pasaba su infancia y soltería disfrutando de las escasas libertades y privilegios de los que gozaba como ciudadana, la maternidad exigía un nuevo enfoque: valor implacable al servicio de Esparta.

Era sabido que dar a luz a niños no aptos para formar parte de la sociedad espartana era una gran deshonra. Esto impulsaba a las mujeres espartanas a soportar todos los entrenamientos físicos necesarios para fortificar sus cuerpos contra los niños débiles.

Una vez nacidos sus hijos, los varones eran criados en casa hasta los siete años y luego eran enviados a la agogé. Las niñas permanecían en casa mucho más tiempo, normalmente hasta que tenían edad suficiente para casarse.

La alegría de toda madre espartana era saber que su hijo rendía admirablemente en el campo de batalla. Si moría en combate, su madre, por supuesto, lloraría su muerte, pero estaría muy orgullosa de que hubiera muerto como un valiente guerrero. Alardearía del sacrificio de su hijo por Esparta para envidia de otras mujeres. Esto también se aplicaba a la muerte honorable de un marido.

El deber de una madre espartana no se limitaba a celebrar las hazañas de sus hijos, sino que también se extendía a imponer crueles castigos a los hijos descarriados. Cualquier mujer cuyo hijo traicionara o abandonara a sus hermanos de armas era una vergüenza. A esos cobardes no se los protegía jamás, por lo que sus madres solían matarlos si regresaban a casa.

Cultos a las mujeres

La religión era un aspecto importante de la sociedad de la antigua Esparta, y las mujeres ocupaban un lugar destacado en ella. Los cultos religiosos más destacados en Esparta eran los de Artemisa, Helena y Eileitia.

Artemisa era la venerada diosa griega de la fertilidad y la caza, y se la consideraba protectora de las madres y sus hijos. El culto a Artemisa erigió un lugar de culto en la frontera entre Mesenia y Laconia. Las muchachas y mujeres espartanas guiaban a sus hombres en danzas eróticas. Llevaban máscaras faciales y cantaban himnos para honrar a la diosa de la fertilidad. En el ámbito religioso de la antigua Esparta, las sacerdotisas de Artemisa eran consideradas considerablemente poderosas.

El culto a Helena era otro culto popular. Había muchos centros de culto donde las mujeres espartanas bailaban y cantaban para celebrar la unión de Helena con el rey Menelao de Micenas (la Esparta anterior a Doria). A pesar del escándalo de Helena con el príncipe de Troya, que desembocó en la famosa guerra de Troya, fue adorada por muchas mujeres espartanas a su regreso a Esparta y a título póstumo. Esto confirma que la sociedad espartana no era reacia al adulterio, sobre todo si lo cometía una hija de Zeus.

En el mayor santuario de Helena, en Terapne, situado cerca del río Eurotas, se celebraban fiestas anuales en las que las doncellas de Esparta cantaban y bailaban para venerar a su heroína "pura y correcta". También se celebraban combates físicos entre las mujeres para demostrar su fuerza y como entretenimiento.

El culto a Eileitia era otro culto importante entre las mujeres de Esparta. Eileitia, hija de Zeus y Hera, era la diosa del parto y era venerada por las comadronas espartanas, las madres y las mujeres embarazadas. Cuando una mujer espartana estaba de parto, se invocaba a Eileitia para que calmara su dolor y facilitara el alumbramiento.

Se construyó un santuario para Eileitia cerca del templo de Artemisa en Esparta. Allí, las mujeres espartanas hacían ofrendas y pedían fertilidad y niños sanos.

Además, existían cultos a Hera, Atenea y Afrodita, entre otras. Las mujeres espartanas también celebraban ceremonias en memoria de sus compañeras fallecidas durante el parto y erigían lápidas con nombres especiales para aquellas que morían mientras ocupaban un cargo religioso. Las oraciones, ofrendas votivas y sacrificios a Apolo por la victoria de sus hombres en la guerra también eran comunes entre las mujeres de Esparta.

Mujeres no espartanas

Los privilegios antes mencionados eran disfrutados, en su mayoría, por las espartiatas, pero también había mujeres de otras clases que vivían en Esparta. Las mujeres helotas servían como criadas domésticas de las amas espartanas, y se las podía encontrar en la cocina como cocineras o como criadas. Algunas trabajaban en las granjas, mientras que otras tejían telas.

Las mujeres helotas, a diferencia de las perioikoi, nunca cobraban por su trabajo. Estaban a merced de sus amas espartanas y eran objetivos naturales de los cripteios. Hubo casos de mujeres helotas que tuvieron hijos de hombres espartanos. Esto dio lugar a otra clase en Esparta llamada mothakes. Se ha sugerido que las mujeres mothakes eran asesinadas al nacer y que a los hombres se les permitía vivir y unirse al ejército de Esparta. Sin embargo, no hay pruebas suficientes para apoyar esta teoría, ya que la información sobre las clases inferiores es en general escasa en comparación con los espartiatas.

En lo que puede considerarse una pequeña forma de libertad, a las mujeres helotas se les permitía elegir marido por sí mismas y vivir con sus familias. A diferencia de otras ciudades-estado griegas, que establecían alojamientos separados para criados y criadas, en Esparta los helotas vivían juntos, casados o solteros.

Las mujeres perioikoi de Esparta trabajaban en el mercado como comerciantes y tejedoras. Se ganaban la vida con pequeños y medianos negocios y, al igual que los helotas, podían vivir con sus familias. Otra ocupación famosa de las mujeres perioikoi era la de enfermeras. Las espartanas no ciudadanas eran contratadas por familias de élite dentro y fuera de Esparta para prestar servicios de enfermería. Esta era la ocupación más prestigiosa que podían encontrar las mujeres perioikoi.

Cuando las leyes de Licurgo sobre la prostitución empezaron a relajarse, algunas mujeres no espartanas se dedicaron a ello y los burdeles se hicieron bastante comunes.

Vestimenta y estilo

En la antigua Esparta, una mujer podía vestir diferentes ropas para distintas ocasiones.

En las primeras etapas de su vida, se dedicaba al entrenamiento físico y, para ello, vestía ropas cortas. En ocasiones especiales, como festivales o ritos de paso, las mujeres espartanas podían pasear desnudas, incluso cerca de los hombres.

Como una de las reformas de Licurgo, a las espartanas no se les permitía llevar o gastar oro y plata. Con ello pretendía frenar la codicia y fomentar la satisfacción. Puede que esta ley fuera vinculante durante su época y durante unas décadas después, pero con el tiempo, las mujeres espartanas ricas poseían y se adornaban con metales preciosos. También usaban aceites aromáticos como perfume y se delineaban los ojos con carbón para realzar su belleza.

Las mujeres de la antigua Grecia utilizaban el peplos, un vestido largo. Se confeccionaba con lana fina. Las mujeres más ricas llevaban peplos de seda o lino, y las espartanas se basaban en el chitón dórico, ya que estaba abierto por un lado. A diferencia de sus hermanas de Atenas, las mujeres espartanas podían llevar peplos mucho más cortos o mostrar sus muslos con aberturas laterales. El peplos espartano se sujetaba a los hombros mediante unos broches ornamentales llamados fíbulas.

Las mujeres casadas de Esparta preferían cubrirse el pelo corto con velos, pero las más jóvenes y animosas lucían su larga cabellera al descubierto. La única ocasión en la que las mujeres espartanas tejían ellas mismas era para las festividades religiosas. El guardarropa personal lo cuidaban los helotas.

Un ejemplo de peplos[96]

Las mujeres espartanas tenían un estilo único y tenían fama de ser bellas y físicamente más fuertes que la mayoría. Tanto orgullo por su belleza, estatus social y maternidad debió de llevar a cierto perplejo Ático a preguntar: "¿Por qué ustedes, las mujeres espartanas, son las únicas que pueden gobernar a los hombres?».

La famosa respuesta de la reina Gorgo en nombre de las mujeres de Esparta resonaría a través de los tiempos: "Porque también somos las únicas que parimos hombres [de verdad]".

Capítulo 17 - *Laconizein*: El arte del minimalismo

En la alimentación

En muchas antiguas civilizaciones, los guerreros comían en ciclos; había largos periodos de consumo mínimo de alimentos y breves periodos de sobreingesta. Los espartanos, sin embargo, preferían un patrón más consistente. Jóvenes o viejos, a nadie se le permitía comer en grandes cantidades, ni siquiera en las celebraciones. La embriaguez era igualmente condenada como humillante y despreciable.

El minimalismo espartano no era sólo en el discurso; un verdadero espartano no era amante de la comida. Comía sólo para sobrevivir. El exceso de indulgencia en la comida o la obesidad harían a cualquiera objeto del escarnio público, por lo que los espartanos entrenaban duro y comían menos para mantenerse delgados y en forma durante toda su vida.

La dieta espartana no era elaborada ni exquisita, ni siquiera entre los aristócratas. En general, todos comían en comedores públicos, sin dejar lugar a tabernas o *termópolis* (restaurantes públicos en la antigua Grecia). La importación de alimentos estaba prohibida, por lo que la población espartana sólo podía comer los alimentos cultivados en las tierras de labranza atendidas por los helotas. Se sacrificaban cerdos, cabras y ovejas y se consumía pescado.

Los grupos de edad cenaban de forma diferente. Mientras que los más pequeños y los niños recibían pequeñas raciones de tortas de cebada, queso y leche de cabra, los adultos más jóvenes y los ancianos comían aceitunas, higos y la famosa melas zomos: sopa negra.

Sopa negra

Para los atletas y aprendices de la agogé, la comida era mucho más escasa y de peor calidad. Esto era intencionado, ya que se creía que inculcaría resistencia y moderación a los jóvenes espartanos.

En la agogé no había comodidades, independientemente de la posición social de cada uno. No había sirvientes que les sirvieran comida o vino a los aprendices. Así que, durante la mayor parte de sus años de formación en la agogé, los estómagos de los muchachos se familiarizaban rápidamente con un plato bastante deprimente: la sopa negra (melas zomos).

Ninguna receta original de la sopa negra sobrevivió a los tiempos clásicos, pero hay pruebas de que para hacerla se hervía carne de cerdo cruda en sangre de cerdo y se aderezaba con cebolla, sal y vinagre. Los cocineros espartanos sólo podían utilizar sal y vinagre como condimento, independientemente de la dieta. La sal era utilizada para dar sabor, y el vinagre, si se usaba, era para conservar la sangre del animal.

En un cómico relato de Heródoto, un tirano de Sicilia llamado Dionisio oyó hablar de la sopa negra espartana y ordenó que se la prepararan. Un bocado le repugnó tanto que comentó: "No es de extrañar que los espartanos sean los hombres más valientes del mundo, pues cualquiera en su sano juicio preferiría morir diez mil veces antes que compartir una vida tan pobre".

La sopa negra era una comida básica, no sólo entre los aprendices de la agogé, sino también para los adultos y los ancianos. Los ancianos destacaban por preferir la sopa negra a la carne de cabra o los productos lácteos.

Plutarco cuenta que en los comedores espartanos, cada grupo tenía la obligación de hacer contribuciones económicas para la compra de lechones para este plato. El animal sería ofrecido en sacrificio a los dioses, y todas sus partes serían cocinadas y consumidas por el pueblo. La sopa negra podía comerse con pan de trigo o cebada, legumbres y dátiles.

Otros "manjares"

Los hombres de la agogé se entregaban con moderación al vino. Emborracharse era castigado con duros latigazos y hambre durante muchos días. Cuando el vino se consumía en grandes cantidades, especialmente durante ceremonias y fiestas, los espartanos, al igual que otros griegos, lo diluían con agua.

Para los campesinos espartanos que no podían permitirse carne, la sopa de guisantes, las verduras crudas y las judías secas eran alimentos básicos. Por regla general, en la antigua Esparta, los carbohidratos constituían la mayor parte de la dieta para suministrar energía para el duro trabajo del día.

En el habla

La palabra inglesa "laconic" procede de uno de los principios básicos de la sociedad de la antigua Esparta: el minimalismo. La palabra «lacónico» es sinónimo de brevedad y concisión.

Como pueblo militarista, los espartanos tenían su mayor contacto con el mundo exterior en los campos de batalla. No les interesaba en absoluto el comercio ni las relaciones exteriores amistosas (al menos en su mayor parte), y desde luego no les interesaba una alianza en la que fueran la potencia menor.

Licurgo, que sentó las bases de la sociedad espartana clásica, se empeñó en desarrollar el país sin ayuda extranjera. Así, prohibió el uso del oro y la plata y los sustituyó por redondos de metal sin valor para disuadir las relaciones comerciales con el extranjero. Durante bastante tiempo, Esparta se centró en hacer crecer su economía de forma independiente.

Cuando Esparta buscaba expandirse, interactuaba con sus vecinos y otros países a través de una interminable serie de guerras. Mientras que las mujeres y los niños permanecían en su mayoría ajenos a las relaciones exteriores, los hombres de Esparta eran conocidos por ser abrasivos y violentos en el campo de batalla. Sus fiestas, como descubrirían las ciudades-estado conquistadas, se caracterizaban por una ruidosa algarabía. Para los demás estaba claro que los espartanos no eran muy buenos en etiqueta.

Sus compatriotas griegos los tachaban de lascivos, primitivos y analfabetos, con una visión simplista y miope de la vida. Por el contrario, los espartanos no hicieron prácticamente nada para cambiar esta percepción. Si se les temía como salvajes despiadados, sus enemigos no se atreverían a socavarlos en la batalla.

Con el tiempo, algunos intelectuales extranjeros vieron a través de la cortina de humo. Los espartanos no eran salvajes, sino gente inteligente e ingeniosa. Es cierto que no eran amantes de todas las cosas artísticas y sofisticadamente poéticas como los atenienses, pero se deleitaban con una vida sencilla y sin lujos.

Y lo que es más importante, los espartanos no soportaban a los charlatanes que hablaban sólo para oír el sonido de su propia voz. Incluso cuando se los enfadaba, un verdadero espartano dejaba que sus acciones hablaran en lugar de sus palabras. Esto podía deberse a su falta de elocuencia o a su incapacidad para expresarse. Un espartano respondía sin rodeos a cualquier asunto y utilizaba pocas palabras. Un espartano no era dado a la adulación ni a los discursos floridos, sino que mostraba amor y afecto a través de sus acciones.

Plutarco documenta con cariño algunas frases lacónicas de espartanos famosos en un capítulo de su obra *Moralia* titulado «Apophthegmata Laconica».

Labotas

Labotas, cuando alguien hablaba muy extensamente, decía: "¿Por qué, caramba, una introducción tan grande a un tema tan pequeño? Porque proporcionadas al tema deben ser las palabras que uses".

Leónidas, hijo de Anaxádridas

Leónidas, hijo de Anaxándridas y hermano de Cleómenes, en respuesta a un hombre que señaló: "Excepto por ser rey, no eres diferente del resto de nosotros", dijo: "Pero si no fuera mejor que los demás, no sería rey".

Su esposa Gorgo le preguntó, en el momento en que partía hacia las Termópilas para luchar contra los persas, si tenía alguna instrucción que darle, y él le respondió: "Que se case con hombres buenos y dé a luz buenos hijos".

Jerjes le escribió: "Es posible que tú, no luchando contra Dios, sino poniéndote de mi parte, seas el único gobernante de Grecia". Pero él le respondió: "Si tuvieras algún conocimiento de las cosas nobles de la vida, te abstendrías de codiciar las posesiones de los demás; pero para mí morir por Grecia es mejor que ser el único gobernante sobre los pueblos de mi raza".

Cuando Jerjes volvió a escribir: "Entrega tus armas", él respondió: "Ven y tómalas".

Alcámenes, hijo de Teloclo

Alcámenes, hijo de Teloclo, cuando alguien le preguntó cuál era la mejor manera de que un hombre mantuviera seguro un reino, respondió: "Si no mantuviera demasiado alta su propia ventaja".

Cuando otra persona quiso saber la razón por la que no aceptaba regalos de los mesenios, dijo: "Porque si aceptara regalos, sería imposible mantener la paz respetando imparcialmente las leyes".

Licurgo

Puso límites al tiempo del matrimonio tanto para hombres como para mujeres y, en respuesta al hombre que preguntó sobre esto, dijo: "Para que la descendencia sea robusta por provenir de padres maduros".

Anaxandro, hijo de Eurícrates

Anaxandro, hijo de Eurícrates, cuando alguien le preguntó por qué los espartanos no amontonaban dinero en el tesoro público, respondió: "Para que no se corrompan los nombrados guardianes del mismo".

Arquídamo, hijo de Agesilao

Arquídamo, hijo de Agesilao, cuando Filipo, después de la batalla de Queronea, le escribió una carta un tanto altanera, escribió en respuesta: "Si midieras tu propia sombra, no encontrarías que se ha hecho más grande que antes de que fueras victorioso".

Cuando le preguntaron cuánta tierra controlaban los espartanos, respondió: "Tanta como puedan alcanzar con la lanza".

Periandro, el médico, era distinguido en su profesión y muy elogiado, pero era un escritor de versos miserables. "¿Por qué demonios, Periandro -dijo Arquídamo-, anhelas que te llamen mal poeta en vez de hábil médico?".

Bias

Bias, sorprendido en una emboscada por Ifócrates, el general ateniense, y preguntado por sus soldados qué había que hacer, respondió: "¿Qué otra cosa sino que vosotros salvéis la vida y yo muera luchando?".

Damindas

Cuando Filipo invadió el Peloponeso y alguien dijo: "Existe el peligro de que los espartanos corran una suerte funesta si no llegan a un acuerdo con el invasor", Damindas exclamó: "¡Pobre mujerzuela! ¿Qué funesto destino podría ser el nuestro si no tememos a la muerte?".

Anaxándridas

Anaxándridas, hijo de León, en respuesta a un hombre que se tomó muy a pecho la sentencia que se le impuso de exilio del país, dijo: "Mi buen señor, no te abatas por ser un exiliado de tu país, sino por ser un exiliado de la justicia"".

A un hombre que habló a los éforos de cosas necesarias, pero se extendió más de lo que hubiera bastado, le dijo: "Amigo mío, ¡en tiempo innecesario te detienes en la necesidad!".

Cuando alguien preguntó por qué ponían sus campos en manos de los helotas, y no se ocupaban ellos mismos de ellos, dijo: "Fue no ocupándonos de los campos, sino de nosotros mismos, como adquirimos esos campos".

Cuando otro dijo que la alta reputación obra perjuicio a los hombres y que el que se libra de esto será feliz, él replicó: "Entonces los que cometen crímenes serían, según tu razonamiento, felices. Pues, ¿cómo podría un hombre, al cometer un sacrilegio o cualquier otro crimen, preocuparse por la alta reputación?".

Cuando otra persona le preguntó por qué los espartanos, en sus guerras, se aventuraban audazmente al peligro, dijo: "Porque nos entrenamos para tener consideración por la vida y no, como otros, para ser tímidos al respecto".

Cuando alguien le preguntó por qué los ancianos prolongan los juicios de casos capitales durante varios días, y por qué, aunque el acusado sea absuelto, sigue, no obstante, bajo acusación, dijo: "Tardan muchos días en decidir, porque, si cometen un error en un caso capital, no puede haber reversión de la sentencia; y el acusado sigue, forzosamente, bajo acusación de la ley, porque, bajo esta ley, puede ser posible, deliberando, llegar a una decisión mejor".

Brásidas

Brásidas atrapó un ratón entre unos higos y, al recibir un mordisco, lo soltó. Luego, volviéndose a los presentes, dijo: "No hay nada tan pequeño que no salve la vida si tiene el valor de defenderse de los que quieren ponerle la mano encima".

En una batalla fue herido por una lanza que atravesó su escudo y, sacando el arma de la herida, con esta misma lanza mató al enemigo. Cuando le preguntaron cómo se había hecho la herida, respondió: "Fue cuando mi escudo se volvió traidor".

Cuando iba a la guerra, escribió a los éforos: "Lo que quiera hacer, lo haré en la guerra o seré un mon [sic] deid".

Cuando cayó en el intento de conseguir la independencia para los griegos que vivían en la región de Tracia, el comité que fue enviado a Esparta esperó a su madre Argileonis. Su primera pregunta fue si Brásidas había llegado a su fin honorablemente; y cuando los tracios hablaron de él en los términos más elevados, y dijeron que no había otro como él, ella dijo: "Ustedes no tienen conocimiento de eso, señores, siendo de fuera; porque Brásidas era ciertamente un buen hombre, pero Esparta tiene muchos mejores que él".

Tearidas

A Tearidas, mientras afilaba su espada, le preguntaron si estaba afilada, y respondió: "Más afilada que la calumnia".

Otra legendaria muestra de laconismo espartano tuvo lugar en el siglo III a. C., cuando el rey Filipo II de Macedonia intentó conquistar Esparta y anexionarse toda la antigua Grecia. En un acto de guerra, el rey Filipo envió un mensaje a los espartanos en el que les decía: "Les aconsejo que se sometan sin más demora, porque si introduzco mi ejército en su tierra, destruiré sus granjas, mataré a su gente y arrasaré su ciudad".

Esta dura amenaza haría que una nación se rindiera o respondiera con una larga retahíla de palabras igualmente aterradoras, pero Esparta no era una ciudad-estado cualquiera. Los espartanos respondieron a Filipo literalmente: "Si".

Esta única palabra era una declaración de la disposición de Esparta a entrar en guerra con Macedonia y una expresión de la confianza de los espartanos en su victoria. También era una severa advertencia a Filipo para que se protegiera a sí mismo y a sus tropas de la ira de los guerreros espartanos. Posteriormente, Filipo envió otro mensaje a Esparta, preguntándole si deseaba que fueran amigos o enemigos. "Ni lo uno ni lo otro" fue la respuesta que recibió de los orgullosos espartanos. Filipo siguió su ejemplo y suspendió su planeada campaña contra Esparta. Su hijo, Alejandro, tampoco se enemistaría con ellos.

Para ser un pueblo que dedicaba su vida a la guerra y la violencia, los espartanos tenían un increíble sentido del humor. Intercambiaban chistes cortos, secos e ingeniosos. Otros griegos encontrarían estos chistes poco convencionales y a veces ofensivos, pero los hombres y mujeres espartanos se reirían mucho con ellos. Esto distanciaba aún más a los espartanos de los demás griegos, pero no les importaba. Todo formaba parte de su exclusividad intencionada.

El minimalismo del habla como valor cultural permaneció con los antiguos espartanos durante muchas generaciones, y su legado conserva relevancia en la época contemporánea. Durante la Edad Media, el dialecto laconio de Esparta pasó a llamarse tsakonio, y lo hablan miles de griegos modernos. Es el dialecto más antiguo y el único superviviente de las lenguas dóricas occidentales.

Un pintoresco pueblo griego llamado Pera Melana, situado en las montañas del sur del Peloponeso, es el hogar de un pueblo que habla tsakonio, y se consideran orgullosos descendientes de la antigua Esparta. A pesar de las numerosas amenazas a su extinción, el dialecto ha prosperado durante generaciones y se enseña en las escuelas rurales.

Hoy en día, si uno entra en una casa o en un bar en Pera Melana, oirá a los ancianos manteniendo conversaciones en tsakoniano. La valiente lucha por mantener viva esta lengua es la prueba de que, después de todo, los descendientes de los antiguos espartanos heredaron la valentía y la resistencia de sus antepasados.

Conclusión

Un hombre sentó las bases de la sólida estructura de la antigua Esparta, pero hicieron falta generaciones para convertirla en la ciudad-estado que hoy recordamos.

Hubo hombres como Leónidas, quien demostró al mundo en las Termópilas que los números no significaban nada mientras los hombres murieran luchando por el país que amaban. Por supuesto, también hubo personas en la historia de Esparta que intentarían acabar con ella, como el traidor Efialtes de Traquis, cuyas acciones determinaron el destino de las naciones en los años siguientes.

A pesar de todo, Esparta sobreviviría. Para ser tan pocos, los espartanos conquistaron el mundo entero con sus muestras de valentía, resistencia, sacrificio y disciplina. No es de extrañar que fueran tan poderosos, sobre todo a los ojos de la gente de entonces. Al fin y al cabo, su origen se remontaba a la divinidad, al mismísimo Zeus. Su cultura, aunque incomprendida incluso hoy en día, era única, enjoyada con valores que brillaban tanto como sus escudos en los campos de batalla.

Este libro te ha llevado de viaje por los avatares de una sofisticada sociedad militar en la Antigüedad y su legado en el mundo tal y como lo conocemos. Comenzamos con la fundación de Esparta hasta el momento en que los dorios ocuparon Grecia en el siglo VII a. C. Las intrigantes raíces de Esparta presagiaban un futuro prominente. Licurgo, el genio político que ayudó a sacar a Esparta de la Edad Media griega, creó el escenario perfecto en el que la ciudad-estado anunció su supremacía a toda Europa y Asia.

Generación tras generación, desde la época micénica hasta la helenística, Esparta mantuvo su relevancia en la política y la cultura griegas. El Peloponeso se benefició enormemente de la protección de Esparta mientras duró. Atenas, famosa por ser la cuna de la democracia y célebre por su filosofía, su literatura y sus artes, pudo sobrevivir a las guerras greco-persas en gran parte gracias a que los hombres espartanos mostraron un coraje, una valentía y una disciplina ejemplares cuando se enfrentaron a adversidades insuperables.

La influencia de la antigua Esparta trascendería las épocas y volvería a cobrar vida en la cultura popular. Hoy recordamos sus historias a través de nuevos relatos en todo tipo de medios. No es de extrañar que se los recuerde con tanto cariño. Sus hazañas en el campo de batalla siguen siendo legendarias, su estructura política garantizaba la existencia de controles y equilibrios, y reconocían una forma de igualdad de género más avanzada que las demás ciudades-estado griegas. Estaban orgullosos de llamarse espartanos.

Si bien es cierto que Esparta decayó hace unos 2.500 años, no está muerta. Existe como pintoresca capital de Laconia, en Grecia. Las ruinas de la antigua Esparta son una importante atracción turística, y se encuentran al norte de la ciudad de Esparta. Los habitantes de Esparta creen que este yacimiento inmortaliza la vida de sus antepasados. También encontrarás miles de artefactos de la antigua Esparta albergados en el Museo Arqueológico de Esparta. Además, hay monumentos como la Tumba de Leónidas, cuya valentía en las Termópilas se contará por siempre.

Todos los años se celebra una carrera de maratón en honor de Feidípides, el atleta ateniense que corrió durante dos días desde Atenas hasta Esparta para conseguir la ayuda de los espartanos en la batalla de Maratón.

En su momento de mayor esplendor, la antigua ciudad de Esparta era el centro neurálgico de Grecia, ¡y nadie en el mundo podía lucir este título con más orgullo que los intrépidos espartanos!

Vea más libros escritos por Enthralling History

Bibliografía

Herodotus. *The Histories with an English translation by A. D. Godley.* (1920). Cambridge: Harvard University Press. At the Perseus Project of the Tufts University.

Fields, N. *Thermopylae 480 BC.* Osprey Publishing, 2007.

Ctesias. *Persica* (excerpt in Photius's epitome).

Diodorus Siculus. *Library in Twelve Volumes with an English Translation by C. H. Oldfather. Cambridge, Mass.; London.* (1967). At the Perseus Project of the Tufts University.

Herodotus. *Herodotus.* Penguin Classics, 1996.

Hornblower, Simon & Spawforth, Antony & Eidinow, Esther. *The Oxford Classical Dictionary.* Oxford University Press, 2012.

Kinzl, Konrad H. *A Companion to the Classical Greek World.* Wiley-Blackwell, 2010.

Plutarch. *Aristides.*

Xenophon. *Anabasis.*

Burn, Andrew Robert. *The Pelican History of Greece.* Penguin. 1974.

Aristotle. *Politics.*

Berve, Helmut (1937). *Sparta.* Meyers Kleine Handbücher, 7. Leipzig: Bibliographisches Institut AG.

Cicero. Tusculan Disputations.

Delbrück, Hans. History of the Art of War Vol I. ISBN 978-0-8032-6584-4.

Holland, Tom. Persian Fire. Abacus, 2005. ISBN 978-0-349-11717-1

Campbell B. (ed). The Oxford Handbook of Warfare in the Classical

World. OUP, Oxford, 2013.

Kinzl K.H. (ed). A Companion to the Classical Greek World. Wiley-Blackwell, 2010.

Salisbury, J. E. Encyclopedia of Women in the Ancient World. ABC-CLIO, 2001.

Snyder, J. M. The Woman and the Lyre. Southern Illinois University Press, 1989.

Spencer, C. Homosexuality in History. Harcourt, Brace & Company, 1995.

Simon Hornblower. The Oxford Classical Dictionary. Oxford University Press, USA, 2012.

William Shepherd. Plataea 479 BC. Osprey Publishing, 2012.

Xenophon. Constitution of the Lacedaemonians.

Burg, B. R. Gay Warriors: A Documentary History from the Ancient World to the Present. NYU Press, 2001.

Cahill, T. Sailing the Wine-Dark Sea: Why the Greeks Matter. Anchor Books, 2004.

Cartledge, P. The Spartans: The World of the Warrior-Heroes of Ancient Greece. Vintage Books, 2004.

Crompton, L. Homosexuality and Civilization. Belknap Press: An Imprint of Harvard University Press, 2006.

Forrest, W. G. A History of Sparta: 950-192 BC. W. W. Norton & Company, 2000.

Thucydides & Strassler, R. B. et. al. Thucydides Histories. Cambridge University Press, 2013.

Xenophon. The Whole Works of Xenophon. Andesite Press, 2015.

Aristotle & McKeon, R. Aristotle's Politics. Clarendon Press, 1999.

Cartledge, P. The Spartans: The World of the Warrior-Heroes of Ancient Greece. Vintage Books, 2004.

Lefkowitz, M. R & Fant, M. B. Women's Life in Greece and Rome. Johns Hopkins University Press, 2016.

Plutarch. Plutarch's Lives. Palala Press, 2016.

Plutarch. The Age of Alexander. Penguin Classics, 2012.

Xenophon. The Landmark Xenophon's Hellenika. By Robert B. Strassler. 2010.

Fuentes de imágenes

[1] *Sparta territory.jpg: MarsyasTerritorioEspartano.svg: Rowanwindwhistlerderivative work: Péter Gulyás, CC BY-SA 4.0 <https://creativecommons.org/licenses/by-sa/4.0>, via Wikimedia Commons https://commons.wikimedia.org/wiki/File:Sparta_Territory.svg*

[2] *https://commons.wikimedia.org/wiki/File:Leda_-_after_Michelangelo_Buonarroti.jpg*

[3] *https://commons.wikimedia.org/wiki/File:Dante_Gabriel_Rossetti_-_Helen_of_Troy.jpg*

[4] *Sharon Hahn Darlin, CC BY 2.0 <https://creativecommons.org/licenses/by/2.0>, via Wikimedia Commons https://commons.wikimedia.org/wiki/File:%C3%87anakkale,_Turkey_-_Trojan_Horse,_March_2022.jpg*

[5] *https://commons.wikimedia.org/wiki/File:Lycurgus_of_Sparta,_Merry-Joseph_Blondel.jpg*

[6] *https://commons.wikimedia.org/wiki/File:Greek_Phalanx.jpg*

[7] *Map_Peloponnesian_War_431_BC-fr.svg: Marsyasderivative work: Aeonx, CC BY-SA 2.5 <https://creativecommons.org/licenses/by-sa/2.5>, via Wikimedia Commons https://commons.wikimedia.org/wiki/File:Map_Peloponnesian_War_431_BC-en.svg*

[8] *Ionian_Revolt_Campaign_Map-fr.svg: Eric Gaba (Sting - fr:Sting)derivative work: MinisterForBadTimes, CC BY-SA 3.0 <https://creativecommons.org/licenses/by-sa/3.0>, via Wikimedia Commons https://commons.wikimedia.org/wiki/File:Ionian_Revolt_Campaign_Map-en.svg*

[9] *The original uploader was Hammer of the Gods27 at English Wikipedia., CC BY-SA 3.0 <http://creativecommons.org/licenses/by-sa/3.0/>, via Wikimedia Commons https://commons.wikimedia.org/wiki/File:Statue_of_Pheidippides_along_the_Marathon_Road.jpg*

[10] *EcoChap, CC BY-SA 3.0 <https://creativecommons.org/licenses/by-sa/3.0>, via Wikimedia Commons https://commons.wikimedia.org/wiki/File:Isthmus_of_Corinth.svg*

[11] *Fkerasar, CC BY-SA 3.0 <http://creativecommons.org/licenses/by-sa/3.0/>, via Wikimedia Commons https://commons.wikimedia.org/wiki/File:Thermopylae_hot_springs.jpg*

[12] https://commons.wikimedia.org/wiki/File:Scene_of_the_Battle_of_the_Thermopylae.jpg

[13] This image has been created during "DensityDesign Integrated Course Final Synthesis Studio" at Polytechnic University of Milan, organized by DensityDesign Research Lab in 2015. Image is released under CC-BY-SA licence. Attribution goes to "Nicolo Arena, DensityDesign Research Lab"., CC BY-SA 4.0 <https://creativecommons.org/licenses/by-sa/4.0/>, via Wikimedia Commons https://commons.wikimedia.org/wiki/File:Nicolo_arena_battleofthermopylae.svg

[14] User:Bibi Saint-Pol, CC BY-SA 3.0 <http://creativecommons.org/licenses/by-sa/3.0/>, via Wikimedia Commons https://commons.wikimedia.org/wiki/File:Map_Greco-Persian_Wars-en.svg

[15] Map_athenian_empire_431_BC-fr.svg: Marsyasderivative work: Once in a Blue Moon, CC BY-SA 2.5 <https://creativecommons.org/licenses/by-sa/2.5>, via Wikimedia Commons https://commons.wikimedia.org/wiki/File:Map_athenian_empire_431_BC-en.svg

[16] https://commons.wikimedia.org/wiki/File:Pelopennesian_War,_Walls_Protecting_the_City,_431_B.C..JPG

[17] https://commons.wikimedia.org/wiki/File:Spartan_King_Agesilaus.jpg

[18] https://commons.wikimedia.org/wiki/File:Boeotia_ancient-en.svg

[19] https://commons.wikimedia.org/wiki/File:362BCThebanHegemony.png

[20] Map_Macedonia_336_BC-es.svg: Marsyas (French original); Kordas (Spanish translation)derivative work: MinisterForBadTimes, CC BY-SA 2.5 <https://creativecommons.org/licenses/by-sa/2.5>, via Wikimedia Commons https://commons.wikimedia.org/wiki/File:Map_Macedonia_336_BC-en.svg

[21] MapMaster, CC BY-SA 3.0 <https://creativecommons.org/licenses/by-sa/3.0/>, via Wikimedia Commons https://commons.wikimedia.org/wiki/File:Map_Cleomenean_War-en.svg

[22] https://commons.wikimedia.org/wiki/File:Sparta_Ephoren_(WMH_11-1861-62_S_48_LLoeffler).jpg

[23] G.dallorto, Attribution, via Wikimedia Commons https://commons.wikimedia.org/wiki/File:3196_-_Athens_-_Sto%C3%A0_of_Attalus_Museum_-_Spartan_shield_(425_BC)_-_Photo_by_Giovanni_Dall%27Orto,_Nov_9_2009.jpg

[24] Phokion, CC BY-SA 4.0 <https://creativecommons.org/licenses/by-sa/4.0/>, via Wikimedia Commons https://commons.wikimedia.org/wiki/File:Xiphos_2.jpg

[25] Phokion, CC BY-SA 4.0 <https://creativecommons.org/licenses/by-sa/4.0/>, via Wikimedia Commons https://commons.wikimedia.org/wiki/File:Kopis_2.jpg

[26] © Marie-Lan Nguyen / Wikimedia Commons https://commons.wikimedia.org/wiki/File:Caryatid_Erechtheion_BM_Sc407.jpg

www.ingramcontent.com/pod-product-compliance
Lightning Source LLC
Chambersburg PA
CBHW070329010526
44107CB00004B/472